MEMENTO MORI
RECUERDA TU MUERTE

HUMBERTO MONTESINOS

Copyright © 2025 por Hombres Peligrosos ®

Todos los derechos reservados.

Las reflexiones y textos incluidos en este libro son producto de la experiencia personal, el análisis introspectivo y la interpretación filosófica del autor. Algunas frases o citas provienen de obras culturales existentes (películas, videojuegos, series, etc.), y han sido utilizadas con fines reflexivos, educativos y de homenaje, sin intención de apropiación comercial del material original.

Todas las marcas, nombres de personajes o títulos mencionados pertenecen a sus respectivos propietarios. Cualquier parecido con situaciones reales o personas es simplemente resultado del poder simbólico y universal de las ideas aquí compartidas.

MEMENTO MORI

La vida es un suspiro, un eco fugaz,
un fuego que arde y se apaga al final.
La muerte, en su sombra, no trae maldad,
sólo un recordatorio de lo que es real.

En cada instante, el tiempo se va,
como río que no vuelve a su cauce.
Vive hoy, que mañana quizás,
el sol se oculte y tu alma se balance.

Memento Mori: recuerda vivir,
pues lo que tienes no durará.
Haz de tu paso un canto sin fin,
y deja que tu huella no se olvide jamás.

"...y no hallé cosa en que poner los ojos
que no fuera el recuerdo de la muerte".

- Quevedo

Comunidad Privada

Primero que nada, te invitamos a unirte a nuestra comunidad privada de WhatsApp, un espacio diseñado especialmente para personas que buscan crecer y desarrollarse en todos los aspectos de la vida.

Dentro encontrarás grupos enfocados en la sabiduría, el deporte, la espiritualidad, las finanzas y los negocios. Es una oportunidad única para aprender, compartir experiencias y rodearte de otras personas que comparten el deseo de ser la mejor versión de uno mismo.

¡No te lo pierdas! Únete y empieza tu viaje hacia el crecimiento personal y la superación diaria. Solo necesitas enviarnos una foto del libro a nuestro Instagram o correo electrónico y junto con la foto del libro envía tu email para hacerte llegar el acceso directo.

Instagram: @HombresPeligrosos
Correo: hombrespeligrososoficial@gmail.com

Te recomiendo unirte a la comunidad antes de leer el libro para que junto con tu lectura puedas compartir y solucionar tus dudas. No olvides dejarnos una reseña de este libro para que más personas puedan confiar y leerlo, además al mandarnos una captura de pantalla de tu reseña también te regalaremos unos bonos extras para complementar tu lectura.

Una última recomendación y es que leas una reflexión del libro cada mañana y si puedes escuchar "Never meant to belong", "ethereal txmy", "Wait M83" o cualquier sonata de piano mientras lees la reflexión sería estupendo, ya que son piezas que escuchaba cuando estaba escribiendo el libro.

1 INTRODUCCIÓN

Esta es una invitación a un viaje que comienza aquí, en las páginas de Memento Mori. Sabemos que en la vida se atraviesan momentos oscuros, situaciones que nos desafían de maneras que jamás imaginamos. Ya sea por la enfermedad que te está golpeando, por los dolores invisibles que la depresión deja en tu alma, por las cicatrices que te dejó un pasado marcado por el abuso, tus actuales deudas o la pérdida de tu trabajo o la perdida de alguien que amabas profundamente... tu madre, tu hijo, tu hermano(a), tu pareja... este libro está aquí para ti.

La muerte es lo único cierto en este mundo. Lo que se nos olvida es que la vida, aunque frágil, tiene un propósito. En cada uno de nosotros está el poder de seguir adelante, de enfrentar lo impensable, de levantarnos a pesar de las caídas. Puede que estés pasando por uno de los momentos más difíciles de tu vida, pero les aseguro, que no están solos. En cada página de Memento Mori, encontrarás un recordatorio de que hay algo más grande que el sufrimiento. Hay algo más grande que la lucha diaria.

Este libro no es solo para leerlo, es para acompañarte. Cuando las tormentas de la vida te tiren al suelo y la incertidumbre no te deje dormir por las noches, abre este libro y encuentra consuelo, esperanza y la certeza de que el dolor que sientes es válido, pero no definitivo. Y cuando sientas que el peso es insoportable, recuerda que hay otros que atraviesan batallas al igual que tú e incluso mucho más grandes. Hay niños luchando contra el cáncer, personas viviendo en zonas de guerra, familias que han perdido todo. Y, sin embargo, siguen adelante y también tú, estas aquí, estas respirando, luchando, buscando una razón más para seguir.

El camino no será fácil. Habrá días en los que el miedo y la desesperación intentarán nublar tu visión. Pero quiero que recuerdes algo muy importante: cada página que pases es un paso más en tu camino hacia la sanación y la superación.

La vida no se mide por las veces que caemos, sino por las veces que nos levantamos. En cada momento de oscuridad, te invito a recordar que tu vida tiene un valor inmenso, y que el mañana siempre puede traer algo mejor, aunque no lo veas aún.

Hoy, al abrir este libro, tomas la decisión más importante: no rendirte. Un día a la vez, mis hermanos y hermanas, una página a la vez. Cada palabra aquí es una luz en tu camino, un recordatorio de que todo, al final, es menos que la muerte. Y si sigues adelante, si sigues peleando, es porque tienes un propósito aún por cumplir.

Este es tu momento.

Memento Mori.

Recuerda tu muerte y recuerda que estás vivo, y eso es suficiente para seguir luchando. Ahora, abre la primera página, y deja que este viaje comience.

DIA 1
"Supongo que... tengo miedo."

- Arthur Morgan

Arthur es un hombre marcado por una vida de violencia, traiciones y decisiones cuestionables, pero a lo largo de su vida, especialmente hacia el final, empieza a enfrentarse a su propia mortalidad y a las consecuencias de su vida. La frase, surge en un momento de introspección, es un reconocimiento de su fragilidad emocional, algo que, a menudo, los hombres tendemos a esconder o a negar. Este "miedo" no se limita a una simple sensación de temor frente a la muerte, sino que engloba el miedo al arrepentimiento, al legado, a no haber hecho las paces con lo que uno ha sido.

Arthur, en su camino hacia la redención, comienza a entender que el miedo también puede ser un indicativo de su deseo de cambiar, de ser algo más. Miedo a lo desconocido, miedo a perder la única vida que ha conocido, miedo al juicio de los demás, y, quizás, miedo a enfrentarse a la persona que ha sido y la que todavía podría ser. Es una reflexión sobre la inevitabilidad del destino. Arthur sabe que sus días están contados, y en este reconocimiento de su finitud, hay una liberación: una aceptación de la fragilidad humana, de que todos somos vulnerables, sin importar el tipo de vida que llevemos o la dureza con la que nos enfrentemos al mundo. El miedo, entonces, no es algo que debamos combatir siempre, sino algo que debemos entender y, en última instancia, abrazar, como una parte esencial de la experiencia humana. Este es el miedo al vacío que surge cuando la vida ha sido vivida sin cuestionamiento, sin una reflexión profunda sobre las mismas consecuencias. Es un recordatorio de que, incluso en los momentos más oscuros, existe una chispa de conciencia que nos permite enfrentar nuestro propio miedo y, tal vez, encontrar alguna forma de paz.

DIA 2
"Cuando era joven disfrutaba de gran libertad, pero no la valoraba, tenía tiempo, pero no lo disfrutaba y tenía amor, pero no lo sentía. Pasarían muchas décadas hasta comprender el significado de los tres y ahora en el ocaso de mi vida la comprensión se ha tornado en satisfacción. Amor, libertad y tiempo, antaño tan desechables son ahora lo que me impulsa,

en especial el amor querida mía."

— Ezio Auditore

La libertad, el tiempo y el amor. Ezio recuerda su juventud, donde tuvo acceso a estos bienes, pero no supo apreciarlos o darles el significado profundo que merecían. Con el paso del tiempo y la experiencia, logra entender su importancia, transformando esa comprensión en una fuente de satisfacción en la vejez.

Finalmente, enfatiza que el amor, entre los tres, ha adquirido un significado especial, convirtiéndose en su mayor motivación en esta etapa de su vida.

El mensaje central destaca cómo, muchas veces, no valoramos lo que tenemos hasta que lo entendemos plenamente, y cómo ese entendimiento puede llegar tarde, pero aun así llenar nuestra vida de propósito.

DIA 3

"Ojalá hubiera adquirido sabiduría a un precio menor."

— Hosea Matthews

Esta frase refleja una profunda nostalgia y arrepentimiento de Hosea. Esta declaración muestra su reconocimiento de que la sabiduría y el aprendizaje en su vida han venido acompañados de sacrificios, pérdidas y decisiones difíciles.

En esencia, expresa que alcanzar el entendimiento y la madurez emocional no siempre es un proceso fácil ni gratuito; a menudo, la vida enseña lecciones a través del sufrimiento y la adversidad.

La frase también puede interpretarse como una observación sobre la vida en general, tanto en el contexto del juego como en un sentido más amplio. Hosea lamenta que el conocimiento que tiene ahora no haya llegado antes, cuando quizás podría haber tomado un camino diferente y evitado algunos de los costos emocionales y físicos que ha pagado.

Es un ejemplo perfecto de cómo Red Dead Redemption 2 humaniza a sus personajes, mostrando sus debilidades, complejidades y reflexiones sobre su propia mortalidad y elecciones.

DIA 4

"Hoy tengo más preguntas que respuestas, por eso he llegado tan lejos en busca de claridad, en busca de la sabiduría. Mi historia no es sino una de miles y el mundo no sufrirá porque acabe prematuramente."

- Ezio Auditore

Ezio se encuentra en un momento de introspección y madurez. Reconoce que su lucha, aunque noble, parece encaminada hacia el caos, dejando más preguntas que respuestas. Esto muestra su sabiduría al admitir que no posee todas las certezas y que el verdadero propósito de la lucha no es el conflicto en sí, sino el entendimiento y la búsqueda de la verdad.

Su mensaje a Claudia es especialmente conmovedor: Ezio no desea que su lucha sea perpetuada por odio o venganzas personales. En cambio, quiere que su legado sea la búsqueda de un bien mayor, un esfuerzo colectivo por la verdad y la justicia que beneficie a todos, no solo a él o a su causa inmediata. Esta visión trasciende su ego y muestra su comprensión de que su vida, aunque significativa, es solo una entre muchas en un mundo que seguirá girando con o sin él.

Finalmente, este texto es una meditación sobre la humildad y el sacrificio. Ezio entiende que su misión es solo una pieza de un rompecabezas mucho más grande, y su voluntad de aceptar su mortalidad sin miedo o egoísmo lo convierte en un líder digno y un hombre admirable. Nos invita a reflexionar sobre nuestras propias luchas, sobre si estamos guiados por el resentimiento o por un propósito más elevado que deje un impacto positivo en el mundo y en nosotros.

DIA 5

"No podemos cambiar lo que está hecho, sólo podemos seguir adelante."

- Arthur Morgan

Arthur Morgan refleja una visión pragmática y filosófica sobre la vida. Al decir "No podemos cambiar lo que está hecho, sólo podemos seguir adelante", Arthur está expresando la idea de que, en muchos casos, no podemos alterar el pasado ni corregir errores que ya hemos cometido. Las decisiones que tomamos, ya sean buenas o malas, son parte de nuestra historia y, aunque podemos arrepentirnos o lamentarlas, lo único que realmente podemos hacer es aceptar lo sucedido y continuar con nuestras vidas.

Este concepto se relaciona con el tema central de Red Dead Redemption 2, donde los personajes, especialmente Arthur, están atrapados entre las acciones del pasado y las consecuencias que estas generan, mientras tratan de encontrar una forma de redención o aceptación. Es una reflexión sobre el destino y la inevitabilidad de ciertos eventos en la vida, así como sobre la resiliencia y la capacidad humana de seguir adelante, incluso cuando las circunstancias son difíciles.

En resumen, Arthur nos recuerda que, aunque no podemos cambiar lo que ya hemos hecho, lo que realmente importa es cómo enfrentamos el futuro y cómo decidimos actuar después de lo ocurrido.

DIA 6

"No hay elección hijo, ningún hombre puede huir de su propia historia."

- Rango

Las palabras de la película Rango nos invitan a reflexionar sobre la relación entre nuestras acciones y nuestra identidad. "Las acciones forjan al hombre" nos recuerda que no somos definidos por lo que soñamos o lo que deseamos, sino por lo que realmente hacemos. Cada acción, por pequeña que sea, contribuye a construir el ser que llegamos a ser. Es a través de nuestras decisiones, nuestra valentía y nuestros errores que creamos nuestra esencia.

Por otro lado, "No hay elección hijo, ningún hombre puede huir de su propia historia" refleja una realidad profunda: no podemos escapar de las consecuencias de nuestras decisiones. Nuestra historia está escrita por lo que elegimos hacer en el presente, y aunque siempre podemos aprender y cambiar, nuestras acciones pasadas nos han dado forma.

Somos responsables de lo que hemos creado, y en ese poder de asumir nuestra historia, también está la libertad de reescribirla.

Como hombres, esta reflexión nos impulsa a ser conscientes de nuestro poder y nuestra responsabilidad. Si queremos una vida de propósito, debemos actuar con determinación y ser coherentes con los valores que deseamos defender. No podemos ser espectadores de nuestra historia, sino protagonistas activos que, con cada acción, forjan el camino hacia la vida que realmente deseamos vivir.

DIA 7

"Oh, sí... El pasado puede doler, pero tal como yo lo veo puedes huir de él o aprender."

- Rafiki (El Rey León)

Esta frase encierra una de las enseñanzas más profundas sobre cómo enfrentar las adversidades de la vida. En el contexto de la película, Rafiki le recuerda a Simba que, aunque el pasado, con sus errores y pérdidas, puede doler, la forma en que decidimos enfrentarlo es lo que realmente define nuestro futuro. Huir de él solo prolonga el sufrimiento, pero aprender de él nos da el poder de crecer.

Como hombres, esta reflexión es crucial. Todos enfrentamos momentos difíciles, fracasos o pérdidas que nos dejan cicatrices, pero no debemos permitir que estos eventos nos definan o nos paralicen. En lugar de vivir en la negación o en la tristeza, podemos elegir aprender, crecer y convertir esas experiencias en lecciones valiosas que nos fortalezcan. Es importante no menospreciar este mensaje, porque muchas veces la tendencia es aferrarnos al pasado, al resentimiento o al miedo, y eso solo nos mantiene estancados.

La verdadera libertad radica en abrazar esas lecciones, en reconocer lo que ya no podemos cambiar y en tomar el control de lo que podemos hacer con el presente. Aprender del pasado nos permite transformarlo en una herramienta que impulsa nuestro crecimiento, no en una carga que nos limita. Al comprender esto, podemos liberarnos de lo que nos pesa y avanzar con fuerza hacia el futuro que deseamos construir.

DIA 8

"Si la historia debe cambiar, que cambie. Si el mundo es destruido, que así sea. Si mi destino es morir, simplemente me reiré de él."

- Magus (Chrono Trigger)

Esta frase refleja una actitud de desafío, de aceptación radical y de valentía ante lo incierto y lo inevitable. Magus, en este momento, está dispuesto a enfrentarse a la adversidad sin temor, sin intentar controlar todo lo que escapa de su alcance. Es una declaración de aceptación de que, aunque no siempre podemos dictar el curso de los eventos, lo que sí podemos controlar es nuestra actitud frente a ellos.

Podemos aprender mucho de esta perspectiva. La vida está llena de cambios impredecibles y de momentos difíciles, pero el verdadero poder radica en cómo respondemos ante ellos. No podemos controlar todo lo que nos sucede, pero siempre tenemos la capacidad de decidir cómo reaccionar. Esta mentalidad no es una llamada al conformismo, sino a la resiliencia. En lugar de lamentarnos por las circunstancias, podemos elegir enfrentarlas con fuerza y determinación, aceptando que lo que está fuera de nuestro control no debe robarnos nuestra paz interior ni nuestra capacidad de seguir adelante. Al adoptar esta actitud, podemos liberarnos del miedo al fracaso, al rechazo o a la muerte misma. La vida es finita y, por lo tanto, nos invita a vivir plenamente, sin quedarnos atrapados en lo que no podemos cambiar. Como hombres, entender esto nos permite vivir con propósito, sin dejar que los obstáculos o el destino nos derroten. En última instancia, la vida se trata de cómo elegimos vivirla y enfrentarla, con la misma valentía con la que Magus desafía su destino.

DIA 9

"He luchado mucho tiempo por sobrevivir, pero no importa qué, siempre tienes que encontrar algo por lo que luchar."

- Joel Miller

Esta reflexión encapsula una profunda verdad sobre la naturaleza humana y la importancia del propósito en la vida. En el contexto, Joel ha atravesado innumerables adversidades. Ha perdido mucho, y su enfoque inicial se centra únicamente en sobrevivir. Sin embargo, a medida que avanza, Joel se da cuenta de que la supervivencia por sí sola no es suficiente para mantenernos. Es necesario encontrar algo más grande que valga la pena, algo por lo que seguir luchando.

Como hombres, esta reflexión tiene un gran peso. La vida puede ser dura, llena de desafíos, obstáculos y momentos de desesperación. Es fácil caer en la rutina de simplemente "sobrevivir", de arrastrarnos de un día a otro sin un verdadero propósito. Pero, aunque las dificultades son inevitables, lo que realmente nos da fuerza para seguir adelante es tener un propósito claro. Ese propósito puede ser diverso: proteger a nuestros seres queridos, buscar un cambio en el mundo, cumplir nuestros sueños o incluso simplemente encontrar la paz interior. Lo importante es que ese propósito nos dé la razón para levantarnos cada mañana, aun cuando las circunstancias nos pongan a prueba. Al encontrar algo por lo que luchar, no solo estamos sobreviviendo, sino viviendo de manera plena.

Esta reflexión nos recuerda que, independientemente de lo que enfrentemos, siempre debemos buscar un propósito que nos inspire, que nos dé fuerzas y que nos haga sentir que nuestras batallas tienen un sentido más allá de la simple existencia.

DIA 10
"Sólo tú puedes decidir qué hacer con el tiempo que se te ha dado."
- Gandalf (El Señor de los Anillos)

Esto es un recordatorio poderoso sobre la responsabilidad personal y la libertad de elegir en medio de las circunstancias. En el contexto de la historia, Frodo se encuentra abrumado por la carga de llevar el Anillo Único, una tarea que parece imposible y llena de sufrimiento. Gandalf, al decirle estas palabras, le recuerda que, aunque el destino de la Tierra Media esté en sus manos, él tiene el poder de decidir cómo enfrentar su propia travesía y cómo usar el tiempo que le queda, independientemente de lo que el futuro le depare.

Esta frase resuena profundamente en nuestras vidas. Muchas veces nos sentimos atrapados por las circunstancias, por los desafíos que enfrentamos o por las expectativas ajenas. Es fácil caer en la trampa de sentir que el tiempo se nos escapa sin tener control sobre él, o que nuestras vidas están determinadas por fuerzas externas. Sin embargo, lo que se nos enseña aquí es que, aunque no siempre controlamos lo que nos ocurre, sí controlamos cómo elegimos usar el tiempo que tenemos. Podemos decidir si nos rendimos ante las adversidades o si seguimos adelante con determinación, si vivimos con propósito o si simplemente dejamos que los días pasen sin rumbo. Este mensaje nos invita a ser dueños de nuestro tiempo, a ser conscientes de cómo lo invertimos en lo que realmente importa: nuestras pasiones, nuestros sueños, nuestras relaciones y nuestro crecimiento personal. Es fácil postergar, dejar que las oportunidades se deslicen, pero cada momento es una oportunidad única para avanzar, para hacer algo significativo.

DIA 11

"El curso del tiempo es muy cruel... Para cada persona es distinto, pero nadie puede cambiarlo jamás... Una cosa que no cambia con el tiempo es el recuerdo de tus días de juventud..."

- Sheik (The Legend of Zelda)

Este texto refleja la inevitabilidad y la belleza del paso del tiempo. El tiempo es una fuerza que no se puede detener ni retroceder. Nos lleva por diferentes etapas de la vida, algunas más fáciles que otras, y nos cambia de maneras profundas. A medida que crecemos, dejamos atrás ciertos momentos, relaciones y partes de nuestra vida. Sin embargo, Sheik nos recuerda que los recuerdos de nuestra juventud, de aquellos momentos que nos definieron y nos hicieron ser quienes somos, son inmortales.

Esta reflexión nos invita a apreciar el tiempo y a no dejar que la prisa por alcanzar metas o enfrentar desafíos nos haga perder de vista lo que realmente importa. Aunque el futuro es incierto y el paso del tiempo puede parecer imparable, siempre podemos elegir cómo vivir en el presente. Cada etapa de la vida tiene su valor y lecciones, y lo que hagamos con nuestro tiempo ahora definirá los recuerdos que llevaremos en el futuro.

No debemos esperar a que pase el tiempo para apreciar lo que tenemos, ni aferrarnos demasiado a lo que ya fue. En lugar de enfocarnos solo en el futuro, es vital aprovechar y vivir plenamente el presente, valorando tanto los momentos de juventud como las lecciones que vienen con la madurez. Porque, al final, lo que realmente permanecerá será la memoria de cómo decidimos vivir nuestro tiempo.

DIA 12

"¿Por qué caemos?... Para aprender a levantarnos."

- Alfred Pennyworth

Esta frase nos recuerda que el fracaso y las dificultades no son el final, sino una oportunidad para crecer. Todos, en algún momento de nuestras vidas, enfrentamos momentos de caída, ya sea por errores, fracasos o circunstancias fuera de nuestro control. Sin embargo, estos tropiezos son esenciales para nuestra evolución personal.

Caer nos permite aprender lecciones que de otra manera no podríamos conocer. Nos enseña a ser más resilientes, más fuertes y más sabios. Cada vez que nos levantamos, lo hacemos con más experiencia, y nuestra capacidad de enfrentarnos a los retos se vuelve más grande.

En la vida, el proceso de levantarnos es fundamental. No se trata de evitar las caídas, sino de cómo las enfrentamos. Es un recordatorio de que cada vez que nos caemos, tenemos la oportunidad de volver a intentarlo, mejor preparados. Aplicar esta mentalidad nos ayuda a ver los fracasos no como finales, sino como escalones hacia el éxito. Y lo más importante, que no estamos solos en el proceso; siempre tenemos la capacidad de levantarnos, más fuertes que antes.

Este concepto, de forma práctica, puede aplicarse en cualquier área de nuestra vida, desde el trabajo, relaciones, hasta proyectos personales. La clave es nunca rendirse, aprender de las experiencias y seguir adelante con determinación.

DIA 13

"No soy un buen hombre. Soy un criminal y un asesino. Necesito que mis hijos crezcan odiando mi recuerdo."

- Jax Teller

Jax Teller es un hombre atrapado entre su amor por su familia y los oscuros caminos que ha elegido, primero como líder de una banda criminal.

A veces, los errores más oscuros de nuestra vida nos hacen sentir que no somos dignos de redención. Sin embargo, la frase de Jax Teller nos invita a reflexionar sobre las decisiones que tomamos y cómo estas nos definen, pero también cómo podemos cambiar, incluso en nuestras sombras. Aunque sintamos que hemos fallado, nunca es tarde para redimirnos y ofrecer a los demás algo mejor: el deseo de un futuro más brillante para quienes amamos. Esto muestra la lucha interna que todos podemos experimentar en algún momento, cuando sentimos que nuestros errores son irreparables.

Jax, al ver sus acciones pasadas, está atrapado en un sentimiento de desesperanza, pero esta reflexión nos recuerda que nuestra historia no está escrita en piedra. Lo que hagamos a partir de ahora puede cambiar no solo nuestra vida, sino la de quienes nos rodean. Si bien el arrepentimiento es una carga pesada, también puede ser el impulso para tomar decisiones que nos transformen y que dejen un legado positivo para los que nos siguen.

DIA 14

"¡Cuando la vida se pone difícil, te levantas, peleas, y le enseñas quien está a cargo!"

- Undyne (Undertale)

Undyne es conocida por su valentía y fuerza. Ella representa el espíritu de lucha incansable ante las dificultades, manteniendo siempre la cabeza alta, sin importar cuán duro se ponga el camino. Sus palabras nos enseñan que la vida puede ser brutal, pero no somos seres diseñados para rendirnos. Cuando las dificultades nos golpean, la verdadera fuerza se muestra al levantarnos, enfrentarlas con coraje y demostrar que no hay nada que nos haga perder el control sobre nuestro destino.

¡Nunca dejes que los obstáculos te definan, tú decides quién está al mando!

Los momentos difíciles no son el fin, sino la oportunidad de mostrarnos más fuertes. Cuando las adversidades lleguen, en lugar de sucumbir, es el momento de reaccionar con valentía y determinación.

Aplicar este pensamiento en nuestra vida diaria significa mantener la fe en nosotros mismos y tomar el control, incluso cuando todo parece fuera de lugar. Recordar que, aunque las cosas se pongan difíciles, siempre podemos elegir cómo enfrentarlas.

DIA 15

"No es lo que seas en el interior, tus actos son lo que te definen."
- Rachel Dawes

Lo que somos en nuestro corazón es importante, pero son nuestras acciones las que realmente nos definen. Las decisiones que tomamos, cómo tratamos a los demás y lo que hacemos cuando nadie está mirando es lo que deja una huella verdadera. No se trata solo de lo que sentimos, sino de cómo lo demostramos al mundo.

La frase nos recuerda que nuestros valores y sentimientos deben traducirse en acciones concretas. No basta con tener buenas intenciones; nuestras elecciones diarias, cómo respondemos ante los retos y cómo impactamos a los demás, son lo que realmente construye nuestro carácter. Es un llamado a ser coherentes y a actuar con integridad en todo lo que hacemos.

DIA 16

"Mi conclusión es que el odio es un lastre. La vida es demasiado corta para estar siempre cabreado."
- Edward Norton

Edward Norton, comienza a reflexionar sobre su pasado lleno de odio y violencia, y llega a la conclusión de que ese odio fue lo que lo mantuvo atrapado en un ciclo destructivo. El odio es como una carga pesada que arrastramos todo el tiempo, sin darnos cuenta de que nos impide avanzar y disfrutar de lo que realmente importa.

La vida es breve, y pasarnos el tiempo alimentando rencor o ira no solo nos consume emocionalmente, sino que nos aleja de las oportunidades de crecimiento y de la paz interior. La verdadera fuerza radica en soltar ese lastre y encontrar maneras de sanar, perdonar y enfocarnos en lo positivo. Es importante empezar a cuestionar los sentimientos de ira y odio que puedas estar cargando...

¿Por qué sigues alimentándolos? ¿Cómo te afectan en tu día a día? Reconocer que esos sentimientos son una carga que te impide ser tu mejor versión es un paso fundamental. Practicar el perdón, no solo hacia los demás, sino también hacia ti mismo, te liberará de esa carga. La meditación, la reflexión personal o simplemente el intentar ver las situaciones desde una perspectiva más compasiva puede ser un buen punto de partida. Liberarse del odio te permite vivir más plenamente y con menos estrés.

DIA 17

"El caos no es un foso, es una escalera. Muchos intentan subirla y fracasan."

- Petyr Baelish

El caos en la vida no siempre es algo negativo o un obstáculo insuperable; más bien, puede ser una oportunidad disfrazada. La vida está llena de momentos desordenados, de incertidumbre y confusión, pero esos momentos también son puertas hacia el crecimiento y el cambio. La clave está en saber cómo navegar a través de ellos, aprender de la dificultad y usarla para escalar hacia un futuro más fuerte y sabio. No todos son capaces de ver las oportunidades en medio del caos, pero quienes lo hacen son los que logran avanzar.

Es importante aprender a cambiar tu perspectiva sobre las situaciones difíciles. En lugar de ver los momentos caóticos como obstáculos, puedes considerarlos como oportunidades de crecimiento. Cada dificultad que enfrentas puede ser una lección, una oportunidad para aprender algo nuevo sobre ti mismo, sobre los demás o sobre el mundo. La clave es mantener una mentalidad resiliente y no rendirse cuando las cosas se complican.

En vez de desesperarte o caer en el miedo, busca maneras de adaptarte y usar ese caos como una escalera para llegar más alto. Los fracasos, por más dolorosos que sean, pueden ser escalones que te llevan más cerca de tus metas.

DIA 18

"Lo correcto... ¿Qué es? Si haces lo correcto... ¿Realmente haces feliz a todo el mundo?".

- Niño Lunar (The Legend of Zelda)

La idea de hacer lo "correcto" no siempre es tan clara ni simple como parece. A veces lo correcto es lo que te hace sentir en paz contigo mismo, aunque no siempre sea lo que otros esperan o desean. En la vida, tomar decisiones que consideras justas o correctas puede no agradar a todo el mundo, y está bien.

La felicidad no depende de complacer a todos, sino de mantener tu integridad y de actuar de acuerdo con tus principios, incluso si eso significa que algunas personas no estarán contentas. La verdadera satisfacción viene de saber que has hecho lo que consideras lo mejor en cada situación.

Es importante reconocer que no siempre podrás agradar a todo el mundo, y eso no debe ser tu objetivo principal. Haz un esfuerzo por ser honesto y actuar de acuerdo con tus valores, pero ten en cuenta que cada decisión que tomes tendrá un impacto diferente en las personas a tu alrededor. A veces, lo "correcto" puede significar decir algo difícil o tomar un camino que no es popular, pero que te acerca a ser la mejor versión de ti mismo. La clave es ser fiel a tus principios y actuar con responsabilidad, aceptando que no todo el mundo entenderá o apoyará tus decisiones.

DIA 19

"O mueres como un héroe o vives lo suficiente para convertirte en el villano."

- Harvey Dent

Harvey Dent pronuncia esta frase en un momento crítico de la historia, mientras se enfrenta a las consecuencias de la corrupción y la lucha por la justicia. La frase refleja la transformación de Dent de un héroe a un villano, simbolizando cómo, en la lucha contra el mal, uno puede perderse a sí mismo si no mantiene su brújula moral.

Todos tenemos la capacidad de hacer el bien y de luchar por lo correcto, pero el tiempo y las circunstancias pueden cambiar la forma en que vemos el mundo. A veces, la línea entre lo correcto y lo incorrecto se vuelve difusa, y lo que parecía ser un camino noble puede volverse algo oscuro. Esta frase nos invita a reflexionar sobre cómo nuestras decisiones, a lo largo del tiempo, pueden afectarnos y transformarnos. El verdadero desafío no es solo hacer lo correcto en un momento dado, sino mantener nuestra integridad a medida que enfrentamos las adversidades y el poder. Elige ser consciente de tus acciones para evitar que, con el tiempo, te conviertas en aquello que alguna vez luchaste por evitar.

El éxito y el poder pueden cambiar nuestra forma de pensar y actuar, y a veces es fácil perderse en ellos. La clave es mantener siempre un equilibrio, ser consciente de tus decisiones y ver cómo estas afectan tu bienestar emocional y ético te permitirá evitar caer en comportamientos egoístas o destructivos. Vive con autenticidad, sin perder de vista lo que realmente te hace ser una buena persona, incluso cuando enfrentes dificultades o tentaciones.

DIA 20

"Nunca dejes que nadie te diga que no puedes hacer algo. Si tienes un sueño, tienes que protegerlo. Las personas que no son capaces de hacer algo por ellos mismos, te dirán que tú tampoco puedes hacerlo. ¿Quieres algo? Ve por ello y punto."

- Chris Gardner

La frase refleja la lucha personal que Gardner enfrentó mientras trataba de alcanzar su sueño de ser un corredor de bolsa, a pesar de los obstáculos, las dificultades económicas y las personas que intentaron desanimarlo.

Es un recordatorio poderoso de que la única persona que limita tus sueños eres tú mismo. El mundo está lleno de voces que intentarán frenarte, ya sea por miedo, envidia o inseguridad. Pero lo más importante es que tú crees en ti, que protejas tus sueños con determinación y pasión. Nadie puede definir tu potencial ni las metas que puedes alcanzar. Si realmente deseas algo, no dejes que nada ni nadie te haga dudar de ello. Sigue adelante, incluso cuando las adversidades aparezcan. ¡Tus sueños están a tu alcance si te atreves a luchar por ellos!

Es crucial que te rodees de personas que te apoyen, pero también aprendas a ignorar las críticas destructivas. La gente a menudo proyecta sus propios miedos y limitaciones en los demás, pero eso no significa que debas aceptarlo. La clave está en confiar en ti mismo, en tus habilidades y en tus sueños, sin importar los obstáculos que enfrentes. Si te encuentras con alguien que te dice que no puedes hacerlo, usa esa resistencia como combustible para seguir adelante con más fuerza.

DIA 21

"Mi código entero, el que me guio en la vida y por el cual maté. ¿Era verdadero? ¿O existía una verdad más grande y yo era demasiado tonto para ver?"

- Arthur Morgan

Este texto escrito en el diario de Arthur Morgan es profundo y nos invita a reflexionar sobre la moralidad, las decisiones que tomamos y el precio que estamos dispuestos a pagar por nuestras creencias.

Arthur es un hombre que vive según un código de honor muy claro, pero empieza a cuestionar ese código, especialmente al ver el sufrimiento que sus acciones causan. Esta frase refleja su duda interna, donde se da cuenta de que tal vez su vida ha sido guiada por un código erróneo, y se pregunta si hay una verdad más grande que aún no ha comprendido.

Muchas veces, vivimos con un conjunto de principios y reglas que creemos que definen quiénes somos, y nos aferramos a ellos sin cuestionarlos. Sin embargo, llega un punto en la vida donde debemos detenernos a preguntarnos: ¿Realmente estoy siguiendo el camino correcto? ¿O quizás existe algo más grande, algo más sabio, más allá de lo que he conocido hasta ahora? Esta duda no es una señal de debilidad, sino de crecimiento. El valor no está solo en seguir nuestros propios códigos, sino en la valentía de reconocer cuando necesitamos cambiar, aprender y evolucionar. Si cuestionamos nuestras propias creencias, tenemos la oportunidad de encontrar una verdad más profunda que nos permita vivir con mayor propósito.

DIA 22

"El viento sopla más fuerte cuanto más cerca estás de la cumbre de la montaña."

- Leland Owlsley

Esta frase nos recuerda que, a medida que nos acercamos a nuestras metas y alcanzamos mayores logros, las dificultades y desafíos también aumentan. Pero, en lugar de desanimarnos por la fuerza del viento, debemos verlos como una señal de que estamos avanzando y alcanzando nuevas alturas.

El viento, en este caso, representa las adversidades, pero son esas mismas adversidades las que prueban nuestra fortaleza y determinación. Si sigues adelante a pesar de ellas, la recompensa será aún mayor. La motivación aquí es clara: cada obstáculo es una oportunidad para demostrar tu resistencia y seguir subiendo.

Aplicar esta frase a tu vida significa entender que cuando te acercas a lo que realmente deseas, no todo se va a poner más fácil. Es probable que enfrentes más desafíos, críticas o momentos difíciles. Sin embargo, en lugar de rendirte, debes verlos como parte del proceso. Por ejemplo, si estás trabajando por un proyecto importante, es normal que, al acercarte a la culminación, surjan más dificultades. La clave está en mantener la calma, enfocarte en lo que has aprendido hasta el momento y seguir adelante con más determinación. La perseverancia frente a la adversidad es lo que te llevará a la cima.

DIA 23

"Es toda una experiencia vivir con miedo, ¿verdad? Eso es lo que significa ser un esclavo."

- Roy Batty

Roy Batty, expresa que vivir con miedo es una forma de esclavitud, una reflexión profunda sobre cómo las personas pueden estar atrapadas por sus propios temores, que les impiden vivir plenamente. Batty, al enfrentarse a su propia mortalidad y a las restricciones impuestas por los humanos, subraya la importancia de la libertad y la autodeterminación.

Nos recuerda que el miedo tiene el poder de limitar nuestra libertad y nuestras posibilidades. Vivir bajo el yugo del miedo nos encierra en una jaula invisible, donde nuestras decisiones y sueños son condicionados por la incertidumbre y la ansiedad.

La verdadera motivación aquí es desafiar ese miedo, liberarnos de él y asumir el control de nuestra vida. Solo cuando enfrentamos nuestros miedos podemos experimentar la verdadera libertad, explorar nuestras capacidades y alcanzar el potencial que tenemos dentro.

DIA 24

"No importa cuán oscura sea la noche, el día siempre vuelve a aparecer y nuestro viaje comienza una vez más."

- Lulu (Final Fantasy X)

Lulu nos recuerda que, sin importar cuán difíciles o sombrías sean las etapas que enfrentamos, siempre hay una nueva oportunidad de comenzar de nuevo. La noche simboliza los momentos duros, las pruebas y las pérdidas que atravesamos en la vida, pero el día que regresa es una metáfora de la esperanza, el renacer y la posibilidad de seguir adelante. La motivación aquí es saber que, incluso en los momentos más oscuros, el futuro siempre trae nuevas oportunidades para empezar de nuevo y encontrar el camino nuevamente.

Esto implica entender que no hay fracaso permanente. Cada día es una nueva oportunidad para avanzar, aprender de los errores y superar los obstáculos. Si estás pasando por una etapa difícil, ya sea personal, profesional o emocional, recuerda que después de la oscuridad siempre viene la luz. No dejes que los momentos difíciles te definan o te hagan sentir que no puedes seguir adelante.

Por ejemplo, si estás atravesando una etapa de tristeza o incertidumbre, reconoce que todo eso pasará, y el nuevo día traerá consigo nuevas energías y oportunidades. Aprovecha cada comienzo como una chance para empezar con renovada fuerza.

DIA 25

"No importa cuánto crezcamos, o cuánto envejezcamos. Siempre estamos tropezando, haciéndonos preguntas. Eternamente jóvenes."

- Alex Karev

Alex Karev, es un médico que pasa por varias etapas de crecimiento personal, a medida que madura, pasa por experiencias que lo hacen cuestionarse a sí mismo y reflexionar sobre su vida. La frase refleja su reconocimiento de que, por mucho que crezca o avance, siempre habrá desafíos y momentos de duda, y eso es lo que lo mantiene en constante evolución.

Nos recuerda que, independientemente de nuestra edad o experiencia, siempre estamos en un proceso de aprendizaje, crecimiento y autodescubrimiento. La vida no se trata de llegar a un punto donde ya tengamos todas las respuestas, sino de seguir explorando, equivocándonos y aprendiendo de cada paso. Aceptar que la incertidumbre y los tropiezos son parte de la vida y, lejos de ser un signo de debilidad, son una muestra de que seguimos evolucionando y buscando nuestro propósito.

La juventud no está solo en los años, sino en nuestra disposición a seguir preguntándonos y aprendiendo.

DIA 26
"Todos morimos, lo que importa es el cómo y el cuándo."
- William Wallace

Wallace un líder escocés recuerda a sus hombres que, aunque todos enfrentan la muerte, lo que define su vida es cómo se enfrentan a esa realidad y qué hacen con su tiempo.

La vida es efímera y cada día es una oportunidad única. Todos estamos destinados a llegar al final de nuestro camino, pero lo que realmente define nuestra existencia es cómo vivimos cada momento y qué legado dejamos. El "cómo" nos invita a vivir con propósito, valentía y autenticidad, mientras que el "cuándo" nos recuerda que no tenemos control sobre el tiempo, por lo que debemos aprovecharlo al máximo.

A veces nos preocupamos demasiado por el futuro o por lo que otros piensan, olvidando que lo único que realmente tenemos es el presente. Esto nos invita a actuar con coraje, a no posponer nuestras pasiones y a ser valientes ante los desafíos, como si cada día fuera una oportunidad para escribir nuestra propia historia.

Vive con intensidad, lucha por tus sueños y haz que tu vida tenga el impacto que deseas, sin temer al final, sino abrazando cada paso del viaje.

DIA 27
"Al final, solo lamentamos lo que no hemos hecho."
- Taric (League of Legends)

Taric, quien es conocido por su sabiduría y su actitud positiva ante la adversidad. Es un campeón que se enfrenta a desafíos difíciles, pero mantiene una visión optimista, enseñando que la clave no está en las batallas ganadas o perdidas, sino en la actitud y las decisiones que tomamos durante el viaje.

La vida se llena de oportunidades que, a menudo, dejamos pasar por miedo, dudas o inseguridad. La verdadera lamentación no proviene de los errores cometidos, sino de las cosas no hechas, de los sueños no perseguidos y de las decisiones que no tomamos. No permitas que el arrepentimiento se apodere de tu vida. Atrévete a dar el paso, a intentar lo que parece incierto, porque al final lo que realmente importa es haber vivido sin miedo a actuar, sin temor a lo desconocido.

Debemos ser valientes al tomar decisiones, aunque no tengamos todas las respuestas. Es fundamental dejar de postergar nuestros sueños y proyectos. Actuar, incluso en incertidumbre, puede ser la diferencia entre vivir con satisfacción o con arrepentimiento.

DIA 28
"Si nadie te odia, estás haciendo algo mal."

- Gregory House

El mundo está lleno de opiniones y juicios, y no todos estarán de acuerdo contigo. Si siempre buscas agradar a todos, probablemente estés sacrificando tu autenticidad. El verdadero valor de la vida radica en ser fiel a ti mismo, tomar decisiones que reflejen tus valores y no temer a la crítica. Si alguna vez te enfrentas al rechazo o la desaprobación, es posible que estés en el camino correcto, porque eso significa que estás desafiando el status quo y buscando tu propia verdad.

Debemos estar dispuestos a tomar decisiones que no siempre serán populares, pero que son fieles a nuestros principios.

Esta reflexión nos invita a no temer al desacuerdo o a la crítica constructiva. Si sigues lo que realmente crees y defiendes lo que es correcto para ti, inevitablemente habrá quienes no estén de acuerdo, pero eso es una señal de que estás siendo auténtico y no simplemente siguiendo la corriente.

DIA 29
"Todas las oportunidades marcan el curso de nuestra vida, incluso las que dejamos ir."

- Benjamin Button

La vida está hecha de momentos y decisiones, y cada oportunidad, incluso aquellas que no aprovechamos, nos forma y nos guía hacia quien somos. No debemos ver las oportunidades perdidas como fracasos, sino como lecciones que nos enseñan a valorar lo que tenemos y a prepararnos para lo que está por venir.

Cada paso, incluso el que no dimos, tiene un propósito y nos acerca más a nuestra verdadera esencia. Aprovecha las oportunidades que vienen, pero también acepta las que se fueron como parte esencial de tu viaje.

En la vida, es natural que algunas oportunidades pasen de largo, pero eso no define nuestro destino. Lo que realmente importa es cómo reaccionamos ante ellas, cómo las procesamos y qué aprendemos de cada experiencia. Aplicar esto significa dejar de lamentarse por lo que no hicimos y, en cambio, aprender de esas experiencias para estar más preparados para lo siguiente.

DIA 30

"Vi la muerte en mis sueños muchas veces, pero no he muerto. Fui mejor que mis sueños, mejor que mis pesadillas. Pero para descubrirlo... tuve que enfrentarlas a todas y tuve que pasar por lo peor para probarme a mí mismo que fui el mejor."

- William Bishop

La vida está llena de desafíos, miedos y momentos difíciles, pero son esos momentos los que nos forjan y nos permiten crecer. Enfrentar nuestras peores pesadillas no es fácil, pero solo a través de ese coraje podemos descubrir nuestra verdadera fuerza.

No te rindas ante el miedo, porque en la lucha, te revelarás a ti mismo como más grande de lo que alguna vez imaginaste. La vida no se trata de evitar el dolor, sino de enfrentarlo con valentía, superarlo y salir más fuerte.

Enfrentar nuestros miedos y las situaciones más difíciles es clave para conocer nuestra verdadera capacidad. Esto significa que no debemos huir de los obstáculos, sino confrontarlos, porque al superarlos, descubrimos nuestras fortalezas ocultas. Necesitamos adoptar una mentalidad resiliente. En lugar de ver las dificultades como barreras, debemos verlas como oportunidades para crecer, aprender y probarnos a nosotros mismos que somos capaces de mucho más de lo que creemos.

DIA 31
"Podemos estudiar toda la vida, pero ser jóvenes solo por un tiempo."

- Charlie Eppes

Charlie Eppes, es un matemático brillante. En esta frase, habla de la juventud como un periodo breve que no se debe dejar pasar sin aprovecharlo completamente, recordando que, aunque el conocimiento es infinito, la juventud tiene un tiempo limitado.

Es una invitación a disfrutar del viaje y a ser conscientes de que la vida es más que solo trabajo y aprendizaje.

Aprovecha ese tiempo para crecer, explorar, disfrutar, y forjar recuerdos que te acompañarán siempre. Aunque el conocimiento es valioso y nunca se termina de aprender, hay momentos y experiencias que solo se pueden vivir, como viajar, probar nuevas cosas, hacer amistades duraderas o simplemente disfrutar del presente.

La clave es no quedarnos atrapados en la idea de que "solo debemos estudiar" y olvidarnos de disfrutar y aprovechar nuestra juventud, ya que esa etapa es limitada y especial.

DIA 32
"Con cada combate te haces más fuerte."

- James Braddock

James J. Braddock. pasó de ser un campeón a perder todo durante la Gran Depresión, solo para luego hacer un increíble regreso en el ring, demostrando no solo su destreza como boxeador, sino también su fortaleza mental. En este contexto, "Con cada combate te haces más fuerte" resalta cómo las dificultades de la vida pueden ser superadas con perseverancia y lucha, y cómo esas experiencias nos fortalecen para el futuro.

Cada desafío en la vida es una oportunidad para crecer y aprender. Puede que las dificultades nos golpeen, pero cada vez que las enfrentamos, nos volvemos más resilientes, más sabios y más capaces de manejar lo que venga. Los combates de la vida, aunque duros, nos preparan para lo que está por venir.

Al enfrentar y superar cada desafío, estamos desarrollando habilidades, paciencia, confianza y resistencia, cualidades que nos ayudarán a enfrentar futuros problemas con mayor eficacia.

DIA 33

"No se trata de cambiar el mundo. Se trata de hacer nuestro mejor esfuerzo antes de partir de este mundo... tal y como es. Se trata de respetar la voluntad de los demás, y creer en la tuya."

- The Boss (Metal Gear Solid III)

La vida no siempre requiere que cambiemos el mundo, sino que se trata de dar lo mejor de nosotros en el tiempo que tenemos. Es un recordatorio de que, a veces, la verdadera grandeza reside en vivir con integridad, respetar a los demás y tener la valentía de seguir nuestras propias convicciones. Lo importante es hacer nuestro esfuerzo con honestidad y respeto, sabiendo que hemos dado lo mejor de nosotros.

Esta frase nos enseña que no tenemos que cargar con la presión de transformar todo a nuestro alrededor. En lugar de intentar cambiar el mundo de manera grandiosa, lo que realmente importa es que aportemos lo mejor de nosotros mismos, respetemos las decisiones de los demás y sigamos nuestros propios principios.

En la vida, esto significa enfocarnos en ser personas de valor, hacer lo correcto en cada momento y, al final, tener la satisfacción de haber vivido con propósito y autenticidad, sin importar el reconocimiento externo.

DIA 34

"No puedes diseñar tu vida como si fuera un edificio, basta con que la vivas y se va diseñando sola."

- Ted Mosby

Ted, a menudo idealista y obsesionado con encontrar el "plan perfecto" para su vida, se da cuenta de que, en lugar de intentar controlarlo todo, lo mejor es simplemente vivir y dejar que las experiencias lo vayan guiando.

La vida no es un plano fijo, ni algo que puedas controlar al 100%. A veces, la belleza está en dejar que las experiencias, las decisiones y los cambios inesperados den forma a nuestro camino. No te obsesiones por tener todo planeado, porque cada paso que das va moldeando tu vida de maneras que no podrías haber imaginado.

Ted nos recuerda que no siempre podemos prever o controlar todos los aspectos de nuestra vida. Vivir de manera auténtica y abierta a las oportunidades es clave. No se trata de tener todo planeado como un arquitecto de un edificio, sino de tomar las experiencias, los éxitos, los fracasos y las lecciones que nos ofrece la vida para ir construyendo nuestro propio camino.

En lugar de obsesionarnos por crear una vida perfecta según un plan rígido, debemos ser flexibles y adaptarnos a los cambios, aprendiendo en el proceso.

DIA 35

"Alguien que conocí escribió que abandonamos nuestros sueños por miedo a poder fracasar, o peor aún, por miedo a poder triunfar."
- William Forrester

Forrester, con su sabiduría, nos invita a reflexionar sobre los miedos que nos paralizan. El miedo al fracaso es común, pero el miedo al éxito, al vernos alcanzando nuestras metas y luego enfrentarnos a las expectativas y responsabilidades que vienen con ello, es igualmente real.

Muchas veces, no es el fracaso lo que nos detiene, sino la inseguridad de si seremos capaces de manejar los logros que tanto deseamos. La clave para superar este miedo es reconocerlo, aceptarlo y seguir adelante, entendiendo que el crecimiento personal se encuentra tanto en los fracasos como en los éxitos. Nos detenemos por temor a no estar a la altura de nuestras propias expectativas o a lo que significaría alcanzar nuestras metas.

Pero la verdadera libertad llega cuando dejamos de temerle tanto al resultado y nos atrevemos a perseguir nuestros sueños, sin importar lo que pueda suceder.

DIA 36
"La esperanza es lo que nos hace fuertes. Es la razón del por qué estamos aquí. Es por lo que peleamos cuando todo lo demás está perdido."

- Pandora (God Of War)

La esperanza es el faro que ilumina el camino incluso en los momentos más oscuros. Cuando todo parece perdido y las fuerzas flaquean, es esa chispa de esperanza la que nos mantiene en pie y nos impulsa a seguir luchando. Nunca subestimes el poder de la esperanza; es lo que nos da la fuerza para perseverar, incluso cuando todo parece en contra.

Aunque la vida esté llena de dificultades y momentos de incertidumbre, la esperanza puede ser nuestra mayor fuente de fortaleza. No se trata de no sentir miedo o desesperación, sino de encontrar una razón, aunque sea pequeña, por la cual seguir adelante. La esperanza es el motor que nos impulsa a seguir luchando cuando las circunstancias nos dicen que es más fácil rendirse.

Esto significa enfocarnos en las pequeñas victorias, las razones por las que seguimos adelante, y recordar que no importa cuán difícil sea el camino, siempre hay algo por lo que vale la pena seguir luchando.

DIA 37
"La muerte nos da una sonrisa. Lo que podemos hacer es devolvérsela."

- Máximo Décimo Meridio

Máximo, nos invita aceptar la inevitabilidad de la muerte, pero también a vivir con valentía y propósito. Enfrentarse a la muerte no significa rendirse, sino vivir cada día como si fuera el último, buscando lo que realmente importa.

Esto se traduce en no postergar nuestros sueños, relaciones o pasiones por miedo o procrastinación. En lugar de evitar lo que sabemos que es parte del ciclo natural, debemos aceptar nuestra mortalidad y, con ella, encontrar la motivación para hacer que cada momento cuente.

La muerte es inevitable para todos, pero nuestra actitud ante ella puede ser lo que nos define. En lugar de temerla, podemos vivir de manera tan plena que, al final, podamos enfrentarla con total dignidad, valentía y felicidad, sin arrepentimientos. Devolvamos esa sonrisa viviendo con coraje y disfrutando cada momento al máximo.

DIA 38

"El final no es más importante que cualquiera de los momentos que nos llevaron hasta él."

- Dra. Eva Rosalene (To the Moon)

La vida es un camino lleno de momentos que nos transforman, que nos enseñan y que nos desafían. Vivir con la mente enfocada solo en el final nos hace perder la belleza de lo que ocurre en el proceso. Cada paso, cada pequeño logro, cada desafío, es tan valioso como el objetivo final.

El final no es solo el destino, sino la suma de los momentos que vivimos para llegar a él. Si aprendemos a disfrutar de cada instante, seremos más ricos de lo que nos imaginamos, independientemente del final.

Si solo nos concentramos en lo que está por venir, es fácil caer en la frustración, la ansiedad o la desesperanza. En cambio, si comenzamos a valorar cada paso que damos, a aprender de los pequeños logros y a ser conscientes de los momentos que vivimos, podemos disfrutar el proceso y encontrar motivación incluso cuando el final no parece cercano.

Disfrutar del aprendizaje diario, de las pequeñas victorias y del crecimiento personal nos hará sentir más completos, sin importar cuándo se llegue la meta.

DIA 39
"Todos los hombres mueren, pero no todos han vivido."

— William Wallace

La vida es un regalo precioso, pero vivirla plenamente es un acto consciente. No se trata solo de existir, sino de experimentar, de arriesgar, de amar y de perseguir lo que nos apasiona. Cada día es una oportunidad para dar significado a nuestra existencia. No todos los hombres mueren con la satisfacción de haber vivido con intensidad, de haber dejado una huella única en este mundo. La pregunta es: ¿Vas a ser solo uno más, o te atreverás a vivir de verdad?

¿Qué significa "vivir" de manera plena? Vivir no es simplemente pasar los días de forma mecánica, cumpliendo con nuestras obligaciones sin pensar. Vivir es abrazar cada experiencia con pasión, desafiar nuestros miedos, tomar decisiones que nos acerquen a nuestros sueños, y ser conscientes de lo que realmente importa.

Puedes comenzar por salir de tu zona de confort, explorar nuevas oportunidades y estar presente en los momentos importantes. Por ejemplo, en lugar de solo ir a trabajar, busca una manera de disfrutar lo que haces, aprende algo nuevo o conecta de forma más profunda con las personas que te rodean.

DIA 40
"No peleo para tener una ofrenda en mi tumba, sino por el desayuno de mañana."

— Sakata Gintoki

Gintoki Sakata, un samurái con un carácter relajado y a menudo irónico, hace frente a la vida de manera pragmática.

Sus pensamientos reflejan que la vida no siempre se trata de buscar la gloria eterna o la admiración de los demás. A veces, lo más importante es enfrentar cada día con determinación y centrarse en lo que realmente importa: las pequeñas batallas cotidianas.

Cada día es una oportunidad para dar lo mejor de nosotros, sin preocuparnos tanto por lo que vendrá, sino por lo que podemos hacer hoy.

Si, te enfrentas a dificultades en el trabajo o en tu vida personal, no te detengas a pensar solo en los grandes logros que aún no has alcanzado, sino enfócate en hacer lo que puedes para mejorar tu situación hoy, en el presente.

DIA 41

"Cuando un hombre se enfrenta a la muerte, lo imposible no es más que un pequeño obstáculo."

- El Príncipe (Prince of Persia)

Cuando nos enfrentamos a lo que tememos, nos damos cuenta de que muchos de nuestros miedos y límites son solo ilusiones.

La vida, con todos sus desafíos, parece mucho más manejable cuando entendemos que la muerte, la mayor de las adversidades, es la única certeza. El miedo se disuelve cuando miramos de frente lo que no podemos controlar y comenzamos a actuar con valentía. A partir de ahí, los obstáculos que parecen enormes en el día a día se vuelven más pequeños y manejables.

Cuando te enfrentas a dificultades, ya sean en el trabajo, en las relaciones o con tus propios miedos internos, pregúntate: "¿Es esto más grande que mi miedo a la muerte?" La respuesta generalmente será no. Saber que lo peor que puede pasar es algo que eventualmente enfrentaremos de todos modos, nos da la fuerza para actuar.

Este enfoque puede ayudarte a tomar decisiones difíciles, como cambiar de carrera, hablar con alguien importante, o simplemente dar el paso hacia un nuevo reto, sin paralizarte por el temor.

DIA 42

"Podrán quitarnos la vida, pero nunca podrán arrebatarnos la libertad."

- William Wallace

Aunque nos puedan arrebatar lo material, lo físico o incluso la vida, hay algo que siempre estará en nuestro interior: nuestra capacidad de elegir cómo vivimos y lo que creemos.

La libertad no se mide por lo que poseemos, sino por lo que somos capaces de mantener en nuestro espíritu, sin que nadie pueda quitárnoslo. Luchar por ella es un acto de valentía, pero también de autenticidad.

Las situaciones pueden ser difíciles o incluso injustas, pero siempre tenemos el poder de elegir nuestra actitud frente a ellas. Puedes enfrentar momentos de adversidad con la certeza de que tu actitud y tus principios son lo que realmente definen tu libertad. Si enfrentas una situación laboral opresiva, puedes sentirte atrapado físicamente, pero nunca puedes perder la libertad de decidir cómo reaccionas, de mantener tu integridad y seguir tus propios valores.

La clave está en nunca perder de vista lo que te hace libre por dentro.

DIA 43

"Si no tienes recuerdos felices, nunca es tarde para comenzar a construirlos."

- Dr. Kenzo Tenma (Monster)

Dr. Tenma, es un neurocirujano que lucha con las consecuencias de sus decisiones y el impacto de su trabajo en su vida. Esta frase refleja un punto de inflexión en su vida: la idea de que, aunque no podamos cambiar lo que ocurrió en el pasado, siempre podemos empezar a construir algo nuevo y positivo para el futuro.

La frase es un recordatorio de que no debemos quedar atrapados en el dolor del pasado, sino que podemos crear nuevos caminos para la felicidad, no importa cuándo empecemos.

No importa cuántos días oscuros hayamos vivido, siempre existe la posibilidad de crear momentos de alegría y felicidad. Los recuerdos no están determinados solo por lo que hemos vivido, sino también por lo que decidimos construir hoy. Nunca es tarde para empezar a sembrar momentos que nos llenen de luz y gratitud.

La felicidad no es un destino, sino un proceso que podemos empezar a cultivar en cualquier momento.

DIA 44
"Algunos árboles florecen, otros mueren. Algunos ganados crecen fuertes, otros son tomados por lobos. Algunos hombres nacen siendo lo suficientemente ricos y tontos para disfrutar sus vidas. Nada es justo."

- John Marston (Red Dead Redemtion)

Marston es un hombre que busca redención en un entorno violento y cruel. Esta frase refleja que las cosas no siempre salen como se desean, y la vida parece ser una serie de pruebas constantes. Debemos aprender a aceptar que la vida no es justa y que, aunque algunos parecen tener más suerte que otros, lo único que realmente podemos controlar es cómo nos enfrentamos a lo que nos sucede.

Algunos enfrentan dificultades, mientras que otros parecen tener todo a su favor. Sin embargo, lo que realmente importa no es si las circunstancias son justas, sino cómo elegimos enfrentarlas. La verdadera fuerza reside en cómo respondemos a los desafíos, en cómo crecemos y nos adaptamos a las adversidades.

Cada ser, cada árbol, cada hombre tiene su propio camino, pero todos tenemos la capacidad de encontrar belleza y propósito, incluso cuando las cosas no salen como esperamos.

DIA 45
"Todos esos momentos se perderán en el tiempo como lágrimas en la lluvia."

- Roy Batty

Esta línea refleja el entendimiento de Batty sobre la fugacidad de la vida y cómo, a pesar de todo lo que ha vivido, esos momentos finalmente se desvanecerán. La frase nos invita a reflexionar sobre el valor del tiempo y cómo cada momento que tenemos, aunque fugaz, es una oportunidad para dar sentido a nuestra existencia.

La vida es efímera y cada momento que vivimos, aunque valioso, también es fugaz. A veces, nos aferramos al pasado o nos preocupamos demasiado por lo que aún no ha llegado, pero lo que realmente importa es vivir plenamente cada instante.

Al final, los momentos pasados se desvanecerán, como las lágrimas en la lluvia, pero lo que hagamos ahora, con la conciencia de su fragilidad, tiene el poder de darnos significado y propósito.

Si te sientes atrapado en el estrés o la rutina, recuerda que cada momento es único y valioso, y que la forma en que lo vives hoy será lo que quedará en tu memoria.

Aprovechemos el presente, pues es lo único que realmente podemos poseer.

DIA 46
"Hoy es un gran día para morir."

- Capitán Barbosa (Piratas del Caribe)

"Hoy es un gran día para morir" puede sonar sombrío a primera vista, pero en realidad, es una invitación a vivir sin miedo a la muerte. A veces, es necesario recordar que el tiempo es limitado para valorar lo que tenemos ahora, y para dejar ir lo que ya no sirve.

Esta frase no solo se refiere a la muerte física, también a lo que nos limita, a las dudas y temores que nos impiden ser quienes realmente somos. Es un recordatorio de que cada día es una oportunidad para renovarnos, para abrazar la vida con valentía y decisión, sin esperar a que el momento perfecto llegue.

La vida es incierta y nuestras oportunidades también lo son, hoy estamos y mañana puede ser que no. Esta es una llamada a tomar decisiones importantes y a cerrar ciclos que ya no aportan valor. Si vives cada día como si fuera el último, sin miedo, sin arrepentimientos, se convierte en un recordatorio poderoso para aprovechar cada instante.

DIA 47

"El dolor desaparece con el tiempo. Pero no deseo ser curado por el tiempo, porque cuando huyes del dolor, con el anhelo de olvidar, lo único que logras es quedarte atascado. Te vuelves incapaz de seguir adelante."

- Ciel Phantomhive

A través de estas palabras, Ciel refleja una verdad que no muchos comparten: el dolor no desaparece simplemente con el paso del tiempo; al contrario, el evitarlo solo nos impide avanzar.

Esta es una declaración sobre cómo las personas pueden quedar atrapadas en su sufrimiento si no lo enfrentan y lo superan de manera activa, buscando sanar no solo con el tiempo, sino con el entendimiento y el crecimiento.

El tiempo por sí solo no sana nuestras heridas. A veces, el dolor se queda dentro de nosotros porque huimos de él, tratamos de ignorarlo o deseamos que desaparezca sin enfrentarlo. Sin embargo, al evitarlo, nos quedamos atrapados en el pasado, en lo que nos lastimó. La verdadera sanación no llega con el paso del tiempo, sino con la valentía de enfrentar el dolor, de procesarlo y aprender de él. Solo entonces podremos seguir adelante con mayor fortaleza.

DIA 48

"Fue el destino quien me trajo aquí, pero soy yo, quien trazó mi propio camino."

- John Marston

A lo largo de su historia, Marston se enfrenta a su pasado, marcado por decisiones tomadas bajo circunstancias difíciles. A pesar de las fuerzas externas que lo arrastran, él es consciente de que, al final, es su responsabilidad elegir qué hacer con su vida y cómo tratar de encontrar su propio camino.

Sus palabras nos recuerdan que, aunque a veces las circunstancias de la vida nos llevan por ciertos caminos, siempre tenemos el poder de tomar las riendas y decidir cómo avanzar.

El destino puede influir en nuestra dirección, pero somos nosotros quienes elegimos cómo reaccionar y qué hacer con las oportunidades y desafíos que nos presenta la vida.

La verdadera fuerza está en nuestra capacidad de tomar decisiones y ser los arquitectos de nuestro propio futuro.

DIA 49
"Esta noche cenaremos en el infierno."

- Rey Leónidas (300)

Leónidas y sus 300 guerreros espartanos se preparan para enfrentar al vasto ejército persa en una batalla casi imposible. La frase simboliza la aceptación de la batalla que está por venir, aunque esté llena de sacrificios y sufrimiento. Para Leónidas, la verdadera victoria no radica en la supervivencia, sino en la valentía y el honor con que se enfrenta al destino. Al decir "cenaremos en el infierno", Leónidas y sus guerreros están mostrando su disposición a enfrentarse a la muerte con dignidad, sin miedo, en busca de un propósito más grande que la simple existencia.

Es una frase que refleja valentía, determinación y coraje frente a la adversidad. En lugar de huir del miedo o de los desafíos, Leónidas se enfrenta a ellos con la convicción de que, incluso en los momentos más oscuros, hay un propósito y una fuerza interna que nos lleva a la acción.

Esta reflexión no habla de rendirse ante el sufrimiento, sino de abrazar la lucha con la mentalidad de que, incluso en la derrota, se puede encontrar honor y propósito. La verdadera fortaleza está en elegir enfrentarse a lo imposible, sin importar lo que venga.

DIA 50
"Las personas miserables necesitan que existan personas más miserables que ellas para sentirse felices."

- Lucy (Elfen Lied)

A través de esta frase, Lucy refleja una de las oscuras realidades de la naturaleza humana: cuando estamos heridos emocionalmente, a veces buscamos consuelo en la caída de otros, en lugar de trabajar en nuestro propio bienestar.

Esta es una reflexión sobre cómo el sufrimiento puede distorsionar la percepción de la felicidad. En lugar de encontrar consuelo o fortaleza en su propio bienestar, algunas personas buscan disminuir a otros para sentirse mejor consigo mismas. Sin embargo, la verdadera felicidad no viene de comparar nuestras desgracias con las de los demás, sino de aprender a encontrar la paz y la gratitud en nuestro propio camino.

La autenticidad y la empatía nos permiten crecer y encontrar una alegría genuina que no depende de la miseria ajena. Si vas a ver los problemas de los demás que sea solo para motivarte, para salir adelante y no para alegrarte por su desgracia.

DIA 51

"Habrá días en los que nada tenga sentido, en los que todo pese el doble y el camino se vuelva gris. Pero no olvidemos que seguir adelante no siempre es tomar grandes decisiones o hacer cosas extraordinarias. A veces, es solo poner un pie frente al otro, un día más."

- Pensador anónimo

En los días más oscuros, cuando todo parece complicado y el mundo parece perder su color, recuerda que no siempre tienes que hacer algo grandioso. A veces, el simple hecho de seguir adelante, aunque solo sea un paso a la vez, es suficiente. Ese pequeño paso, repetido cada día, puede ser lo que te lleva a superar los momentos difíciles y a encontrar de nuevo la luz.

En lugar de concentrarnos en hacer todo perfecto o resolver todo de una vez, la clave está en avanzar poco a poco. No te preocupes si no tienes toda la solución hoy; solo da un paso más, incluso si es pequeño. Ese esfuerzo diario, por más insignificante que parezca, te llevará a tu objetivo. La constancia y la paciencia son más poderosas de lo que pensamos.

DIA 52
"Porque, aunque el justo caiga siete veces, volverá a levantarse."
- Rey Salomón (Proverbios 24:16)

La vida no se mide por cuántas veces caemos, sino por cuántas veces nos levantamos. Cada tropiezo es una oportunidad para aprender, fortalecernos y seguir adelante con más determinación.

A menudo, nos podemos sentir derrotados cuando fracasamos o cuando las cosas no salen como esperábamos. Sin embargo, este texto nos recuerda que el fracaso no define nuestro destino. Lo importante es nuestra capacidad de recuperarnos.

Si caes, no te castigues. Reconoce el aprendizaje que trae consigo cada caída, y luego, con firmeza, vuelve a levantarte. Cada vez que lo hagas, estarás más cerca de tu objetivo y, más importante aún, más cerca de ser la persona que quieres llegar a ser.

La verdadera fuerza no está en evitar la caída, sino en tener el coraje de levantarse una vez más, cada vez que la vida nos desafía.

DIA 53
"No toda batalla vale la pena. Ganar no siempre significa vencer al otro; a veces, la verdadera victoria es elegir no pelear."
- Pensador anónimo

No todas las palabras merecen una réplica, no todas las heridas requieren venganza, no todos los ataques merecen respuesta. Hay algo más valioso que tener razón: tener tranquilidad.

A veces, la verdadera fortaleza no está en luchar por cada cosa que nos provoca, sino en saber cuándo es mejor callar, soltar y seguir adelante en paz.

No todas las batallas merecen nuestra energía, y no siempre ganar significa tener la última palabra. La serenidad es una victoria silenciosa que nos permite vivir con claridad y equilibrio, en lugar de quedar atrapados en la constante lucha del ego.

Cuando enfrentes un conflicto, pregúntate: "¿Vale la pena mi energía en esta pelea?" Si la respuesta es no, entonces elige la paz y avanza sin quedarte atrapado en la necesidad de ganar siempre.

La verdadera victoria está en vivir en armonía contigo mismo.

DIA 54

"La mente humana no está preparada para despertar sabiendo que ese será su último día de vida, pero para mí eso es un lujo, no una maldición. Saber que llega el fin es una liberación."
- Capitán Price (Call of Duty: Modern Warfare 2)

A través de la experiencia de este soldado, se refleja cómo el conocimiento del fin puede cambiar nuestra visión sobre el miedo y la vida misma. En lugar de temerle a la muerte, se ve como una liberación que permite a la persona vivir sin ataduras, tomando decisiones más valientes y significativas.

La vida es fugaz y, aunque la idea de que el fin es inminente pueda parecer aterradora, también puede ser una llamada a aprovechar al máximo cada día. Saber que el fin está cerca no es necesariamente una maldición, sino una oportunidad para liberarnos del miedo y vivir con propósito, apreciando cada momento como un regalo.

Cuando entendemos que el tiempo es limitado, nos enfocamos en lo que realmente importa. Si nuestra mente estuviera más consciente de la brecha entre lo que tenemos y lo que podríamos perder, tal vez viviríamos con mayor gratitud.

DIA 55

"Hay dos clases de personas, los que sonríen porque son felices y los que sonríen para hacer ver a los demás que son felices."
- Sawada Tsunayoshi

La verdadera felicidad no se mide por las apariencias, sino por lo que sentimos en nuestro interior. La clave está en ser honestos con nosotros mismos y con los demás, buscando una felicidad genuina que no dependa de las expectativas externas.

Es importante hacer una introspección constante sobre lo que realmente sentimos. Si solo estamos sonriendo para cumplir con lo que otros esperan de nosotros, estamos perdiendo la oportunidad de conectar con nuestra verdadera esencia y felicidad.

Cuando estamos verdaderamente felices, nuestra sonrisa es natural y refleja un bienestar interior. Pero si no lo estamos, es importante aceptar y reconocer nuestras emociones, buscando el apoyo necesario para encontrar la paz que necesitamos. Al ser más honestos con nosotros mismos, podemos crear una vida más plena y más conectada con lo que realmente somos.

DIA 56

"Para cualquiera que se encuentre entre los vivos hay esperanza, pues más vale un perro vivo que un león muerto."

- Rey Salomón (Eclesiastés 9:4)

Este texto nos recuerda que, mientras haya vida, hay oportunidades. No importa cuán difícil sea tu situación actual, el simple hecho de estar vivo significa que tienes la posibilidad de cambiar, crecer y alcanzar tus metas.

Aunque te sientas pequeño o insignificante... es mejor estar vivo y luchar que haber renunciado o haber perdido la oportunidad de intentarlo. Si estás pasando por un momento difícil, recuerda que, mientras estés vivo, siempre hay una posibilidad de mejorar. No te rindas, porque la vida misma es una oportunidad para cambiar tu historia.

La vida es un regalo, y con ella viene la esperanza de un mañana mejor. No importa cuán difícil sea tu situación actual, mientras respires, hay esperanza. Aprovecha cada día, valora tu vida y lucha por tus sueños, porque estar vivo es la mayor oportunidad que tienes.

¡No la desperdicies!

DIA 57

"La vida es un ir y venir constante de encuentros y despedidas. Seres y objetos entran en nuestra vida y después se van. Somos efímeros, aquí hoy y ausentes mañana."

- Pensador anónimo

La frase de hoy nos invita a reflexionar sobre la naturaleza transitoria de la vida y las relaciones. La vida está llena de cambios, y las personas y situaciones van y vienen. Aprende a soltar lo que ya no está destinado a quedarse en tu vida. Esto no significa olvidar, sino aceptar que algunas cosas tienen un ciclo y que su partida puede dar paso a algo nuevo. Aunque las personas y las circunstancias cambien, el amor es una fuerza constante que puede transformarse y renacer de nuevas maneras.

Cuando pierdes un amor o una relación importante, permite que el dolor te enseñe. Reflexiona sobre lo que aprendiste de esa experiencia y cómo puedes usar esa sabiduría para crecer emocionalmente. Aunque el dolor de una despedida pueda hacerte querer cerrarte, recuerda que el amor puede manifestarse de muchas formas. Permítete recibir amor de otras personas, de ti mismo o incluso de nuevas experiencias.

Aprovecha cada momento con las personas que amas.

DIA 58

"La puerta del mañana no es la luz del cielo, sino la oscuridad profunda de la Tierra."

- Vicent Valentine

El futuro no siempre se presenta como un camino claro y lleno de luz. A menudo, es incierto, desafiante y nos obliga a caminar a través de la oscuridad. Sin embargo, es precisamente en esos momentos de oscuridad donde se encuentran las mayores oportunidades para crecer, aprender y descubrir nuestra verdadera fortaleza.

La vida rara vez se presenta de manera sencilla; a menudo tenemos que enfrentarnos a situaciones complejas y desafiantes que no vemos venir. Pero es importante recordar que la oscuridad no es algo negativo, sino una oportunidad para explorar nuevos caminos, aprender de las dificultades y descubrir nuestra capacidad para adaptarnos. Vicent nos invita a tener coraje en medio de la incertidumbre y a confiar en nuestra capacidad de avanzar incluso cuando no vemos con claridad el camino por delante.

La clave está en no temer a la oscuridad, sino en tener la valentía de avanzar sin saber con certeza qué nos depara el mañana. Cada paso hacia lo desconocido es una posibilidad para forjar nuestro propio destino.

DIA 59

"Puedes morir en cualquier momento, pero para vivir se necesita mucho coraje."

- Kenshin Himura

La frase del samurái Kenshin Himura, nos invita a reflexionar sobre el verdadero valor de la vida. Morir puede ser algo pasivo, algo que simplemente ocurre, pero vivir plenamente requiere mucho esfuerzo, gran valentía y determinación.

La vida no es solo existir, sino enfrentar desafíos, superar miedos y encontrar significado en cada día. Esta frase nos recuerda que, aunque la vida pueda ser difícil, es precisamente esa dificultad la que la hace valiosa y digna de ser vivida con coraje.

La vida es frágil y puede cambiar en un instante. Practica la gratitud y valora cada momento, incluso los difíciles, porque son parte de tu crecimiento. El coraje no significa no sentir dolor o miedo, sino seguir adelante a pesar de ellos. Cuando te enfrentes a situaciones difíciles, recuerda que tienes la fuerza para superarlas.

DIA 60

"Cuando ellos claman, el Señor los escucha y los libra de todas sus angustias. El Señor está cerca del que sufre y salva a los que están abatidos. El justo padece muchos males, pero el Señor lo libra de ellos."

- Rey David (Salmo 33: 18-20)

Este pasaje bíblico habla de cómo, en los momentos de angustia y dolor, cuando sentimos que todo se derrumba, hay una fuerza que nos acompaña, que es nuestra fe en Dios. Para aquellos que no siguen una religión o no creen en Dios, la idea central de este texto puede ser entendida como una metáfora de la resiliencia humana y el apoyo que podemos recibir de nuestras relaciones o incluso de nuestra propia fortaleza interior.

El texto invita a reconocer que, aunque la vida puede ser difícil y llena de pruebas, siempre hay un recurso al que podemos acceder para liberarnos de la desesperación: nuestra capacidad de resiliencia, la ayuda de los demás, nuestra fe y esperanza en algo más grande y la creencia de que podemos superar las adversidades con ayuda.

La vida puede ser dura, llena de dificultades y momentos de desesperación. Sin embargo, siempre existe una esperanza: no estamos solos. Aunque la lucha parezca interminable, es en los momentos de mayor sufrimiento donde encontramos el mayor poder para superar nuestros obstáculos.

DIA 61

"En los momentos más oscuros es cuando más necesitamos recordar que la vida siempre nos da una nueva oportunidad al amanecer."

- Pensador anónimo

La vida, a veces, puede sentirse como una pesada carga, como si cada paso fuera más difícil que el anterior. Pero recuerda, dentro de ti hay una fuerza que te ha permitido llegar hasta aquí. Hablar con alguien de confianza, aunque sea difícil, puede aliviar la carga. Reconocer lo que sientes es valiente, no te juzgues por estar triste o frustrado.

Cuida tu cuerpo: comer bien, descansar y moverte te ayudará a sentirte mejor. No te apresures, toma las cosas un día a la vez. Celebra cada pequeño logro, porque cada paso te acerca a tu superación. Y si en algún momento sientes que no puedes más, buscar ayuda profesional no es una debilidad, es un acto de valentía.

Recuerda que la depresión no define quién eres. Es solo una parte del viaje, no tu destino final. La lucha no es fácil, pero cada día que sigues adelante, demuestras tu fuerza y resiliencia. Tú tienes el poder de seguir adelante.

DIA 62
"Las deudas y los fracasos son solo capítulos en tu historia, no el final de ella. Este es solo un reto temporal, y tienes la fuerza para superarlo."

- Pensador anónimo

Lo que estás viviendo ahora es un capítulo difícil, pero no es el final de tu historia. La vida es un viaje que a veces te pone a prueba para que encuentres nuevas fuerzas dentro de ti. El miedo de no poder salir adelante es natural, pero no permitas que te paralice. En lugar de enfocarte en todo lo que no tienes, piensa en lo que sí puedes hacer hoy, por pequeño que sea ese paso. A veces, lo más importante no es el resultado inmediato, sino la persistencia y la actitud con la que enfrentas cada día.

Aunque ahora te parezca que el futuro es incierto, nunca subestimes el poder de dar un paso a la vez. Cada día trae consigo nuevas oportunidades, aunque no siempre sean visibles al principio. La ansiedad solo crece cuando te dejas consumir por lo que aún no ha sucedido. Respira, toma un respiro y sigue adelante con lo que está a tu alcance. No estás solo en esta lucha, y aunque el camino sea difícil, tienes la fuerza para caminarlo.

Y aunque el miedo te diga que todo está perdido, dentro de ti hay más poder del que imaginas para superar lo que parece insuperable. Mantén la esperanza, porque a veces las soluciones llegan cuando menos las esperas.

DIA 63
"El dolor de la pérdida es profundo, pero el amor que compartieron nunca desaparece. Aunque no los veas, su recuerdo y lo que te enseñaron viven en ti."

- Pensador anónimo

La pérdida duele profundamente, y es completamente normal sentir que el mundo se detiene, pero recuerda algo muy importante: tu ser querido no querría verte estancado en el dolor.

Ellos vivieron para verte crecer, para que sigas adelante, para que honres su memoria con cada paso que tomes. El amor que compartieron nunca se apaga; al contrario, se transforma en fuerza.

Cada día que te esfuerzas por cumplir tus objetivos, cada esfuerzo que haces por seguir adelante, es una manera de mantener su legado vivo. Ellos están en ti, en lo que aprendiste de ellos, en las lecciones que te dejaron.

No dejes que el dolor te frene; usa ese amor como motor para avanzar, para ser la mejor versión de ti, porque eso es lo que ellos querrían ver: que sigues adelante, que no te rindes y que honras su memoria viviendo con propósito.

DIA 64

"La enfermedad puede debilitar el cuerpo, pero no puede tocar tu espíritu. Tu fuerza interior es más grande de lo que imaginas, y esa es la verdadera batalla que estás ganando."

- Pensador anónimo

La enfermedad puede hacer que tu cuerpo se sienta frágil, pero no puede tocar lo más fuerte de ti: tu espíritu. Recuerda que dentro de ti hay una fuerza que es más grande de lo que crees, una fuerza que muchos han demostrado tener en momentos mucho más oscuros.

Piensa en hombres como Lance Armstrong, quien superó un cáncer avanzado para convertirse en campeón de ciclismo, o en niños como Alex, un pequeño que luchó contra la leucemia y hoy sonríe al mirar atrás, sabiendo que venció lo impensable. Ellos no se rindieron, porque entendieron que cada día es una nueva oportunidad para demostrar que la vida siempre puede sorprendernos, incluso cuando parece más difícil que nunca.

Mantén la fe, porque, aunque el camino se vea oscuro, recuerda que siempre hay luz al final del túnel. Esta batalla que estás librando, más que física, es una prueba de la fuerza interior que tienes, y esa es la que te llevará a superar cualquier obstáculo. No estás solo en este viaje; tu coraje inspira a otros, y al final, tu historia será una de superación que dará esperanza a quienes también luchan.

DIA 65

"Es fácil caer en la desesperación, pero si miras al mundo, verás que hay personas que sobreviven a tragedias mucho mayores, como niños que han perdido todo en una guerra. Tu lucha, aunque difícil, tiene un propósito, y el solo hecho de estar aquí demuestra tu fortaleza."

- Pensador anónimo

La presión de las deudas, la pérdida de un trabajo, o la sensación de estar atrapado pueden nublarnos la mente. Pero si miramos alrededor, veremos que hay personas atravesando pruebas mucho más duras. Hay niños en países devastados por la guerra que han perdido a sus padres y hermanos, y ahora enfrentan un futuro incierto, a menudo viviendo solos y luchando por sobrevivir. Hay personas en prisión, acusadas injustamente, que aún mantienen la esperanza. Y hay aquellos en lecho de muerte, con enfermedades terminales, que darían cualquier cosa por tener tan solo un día más de salud.

Cuando vemos esas realidades, nuestra perspectiva cambia. Tener salud es un regalo invaluable, una bendición que muchas veces damos por sentada. Cada día que estamos aquí, con la oportunidad de levantarnos y seguir adelante, es una oportunidad de ser agradecidos, de reconocer que, aunque nuestras luchas son importantes, hay muchas más batallas en el mundo que nos muestran la magnitud de lo que realmente significa ser afortunado. El solo hecho de estar aquí, con vida y salud, es un recordatorio de lo afortunado que eres.

DIA 66

"El amor propio es la clave para la verdadera felicidad. El final de una relación es solo el comienzo de un viaje hacia tu mejor versión. No te quedes mirando lo que perdiste. Mira hacia el futuro, donde nuevas oportunidades y experiencias esperan por ti."

- Pensador anónimo

El amor propio no solo es la base de nuestra autoestima, sino también la llave para nuestra paz interior y felicidad.

El final de una relación puede ser doloroso, pero es también el punto de partida para una nueva etapa en la que tú eres el protagonista. Al enfocarte en ti mismo, en tu crecimiento y en tu bienestar, descubres que el verdadero amor empieza con el respeto y cuidado que te das.

Cada final trae consigo la oportunidad de reinventarte y avanzar hacia una versión más fuerte y plena de ti mismo.

Dedica tiempo para ti mismo. Practica actividades que te hagan sentir bien, ya sea hacer ejercicio, leer, viajar o meditar. Estos momentos de autocuidado te ayudarán a reconectar con tu esencia.

DIA 67
"No midas tu éxito por tus caídas, sino por tu determinación para levantarte y seguir luchando."

- Pensador anónimo

Cada vez que enfrentas una pérdida o un fracaso, en realidad estás invirtiendo en tu crecimiento.

Las caídas no definen tu destino; lo que importa es cómo te levantas. Los grandes empresarios no son aquellos que nunca fallan, sino aquellos que aprenden de sus errores y siguen avanzando con más sabiduría.

El dinero y los recursos materiales pueden recuperarse, pero la experiencia y las lecciones que adquieres en el camino son las que realmente te preparan para el éxito.

No dejes que el miedo te detenga, cada paso hacia adelante, incluso después de una caída, te acerca más a la victoria. Entiende que el fracaso es natural en cualquier camino hacia el éxito. Nadie lo logra todo a la primera. Tómate el tiempo para aceptar el dolor de la pérdida, pero no te quedes atrapado en él. Los grandes emprendedores no se rinden; aprenden, se adaptan y siguen adelante con más confianza. Encuentra el valor en tus fracasos, haz ajustes y sigue adelante con renovada determinación.

DIA 68

"El miedo al futuro solo roba tu paz. Actúa con determinación en el presente y verás que todo se resuelve."

- Pensador anónimo

La vida siempre nos presenta incertidumbre y desafíos, pero lo más importante es aprender a diferenciar lo que está fuera de nuestro control de lo que sí podemos cambiar.

La preocupación por lo que podría suceder solo nos aleja de la acción. La verdadera paz y progreso vienen cuando decidimos actuar con claridad en el presente, tomando pasos concretos hacia la solución.

Los problemas, por difíciles que sean, no se resuelven con angustia ni temor, sino con calma, estrategia y paciencia. Enfrenta cada situación con serenidad y enfoque, y verás cómo las cosas empiezan a tomar forma.

Comienza por reconocer que hay situaciones que simplemente no puedes cambiar. Enfócate en lo que puedes hacer ahora. ¿Qué acción puedes tomar hoy para mejorar las cosas, aunque sea de manera pequeña? La clave está en no dejarte consumir por el miedo a lo desconocido, sino en actuar con determinación.

DIA 69

"Tu viaje no es el de los demás. El éxito llega en su propio tiempo, no cuando otros lo esperan."

- Pensador anónimo

La comparación constante con los demás solo nubla tu camino hacia el éxito personal. Cada quien sigue su propio ritmo, y lo que para otro puede ser un logro, para ti puede llegar en otro momento, de otra forma.

La verdadera clave está en centrarse en tu propio progreso, celebrar cada paso hacia adelante, por pequeño que sea, y confiar en que tu camino es único. No te detengas mirando lo que otros han alcanzado; en lugar de eso, mira cuán lejos has llegado tú y hacia dónde vas.

El éxito no es una carrera, sino un viaje personal.

Cada vez que sientas la tentación de compararte con los demás, recuerda que tú tienes un camino distinto, con tiempos y retos diferentes. Enfócate en lo que puedes hacer hoy para avanzar, no en lo que otros están logrando. Establece tus propias metas y celebra cada paso que das hacia ellas, sin importar la velocidad de los demás. Tu progreso es válido, y tu momento llegará a su debido tiempo.

DIA 70

"La claridad llega cuando empiezas a caminar. No tienes que tener todas las respuestas ahora. Lo importante es no dejar de buscar, de crecer y de avanzar."

- Pensador anónimo

La vida no siempre tiene respuestas claras desde el principio, y está bien no saber todo lo que quieres en este momento. La claridad llega cuando comienzas a caminar, cuando tomas acción, incluso sin tener el mapa completo.

Si sientes que estás perdido, recuerda que cada paso que das te acerca un poco más a lo que realmente buscas. El hecho de que no tengas trabajo, pareja o el apoyo que deseas no significa que estés destinado al fracaso; significa que aún estás en el proceso de encontrar tu verdadero camino.

Para los jóvenes que se sienten atrapados, es importante entender que el progreso no siempre se mide por lo que los demás piensan o por lo que la sociedad espera. Tu vida es tuya y, aunque tus padres o familiares no te comprendan, lo más importante es no rendirse. Cada día es una oportunidad para crecer, para avanzar, y lo que hoy parece incierto, con el tiempo se convertirá en la base de tus logros. No te desesperes si no tienes todo resuelto; lo importante es seguir buscando, creciendo y tomando decisiones, porque al final, el camino se irá despejando. Lo esencial es que no te detengas.

DIA 71

"Desearía estar sano, solo para que mis papás no lloren más. Ellos no merecen verme aquí, entre sábanas frías, luchando por respirar. Yo solo quiero correr como los demás niños, sentir el viento en mi cara, jugar con mis amigos en el parque. Quiero ver el cielo sin tantas medicinas y tubos, quiero escuchar la risa de mi mamá sin que ella se preocupe tanto."

- Mateo Hernández

A veces, no entendemos lo que realmente importa. La gente camina tan rápido por la vida que ni siquiera se da cuenta de lo hermoso que es un atardecer, el sonido de la lluvia o el simple vuelo de una mariposa. Mateo reflexiona: "Yo quisiera sentir todo eso, pero estoy aquí, atrapado en una cama, deseando lo que muchos ya tienen". ¿Estamos valorando lo que tenemos? ¿Estamos disfrutando de los momentos que pasan tan rápido, como el aroma de una flor o el canto de un pájaro?

No hay nada más importante que la salud, no hay nada más hermoso que un día sin hospitales ni máquinas. La felicidad está en esos detalles que dejamos ir mientras nos preocupamos por cosas que no son tan importantes. Hoy, les pido que tomen un momento, miren el mundo a su alrededor y valoren lo que tienen. Este niño, luchando con su vida, nos recuerda que a veces damos por sentadas las cosas más simples, las que realmente definen nuestra felicidad. En su lucha, él nos enseña a valorar lo que a menudo ignoramos.

DIA 72

"Hay veces que un hombre tiene que luchar tanto por la vida que no tiene tiempo de vivirla."

- Charles Bukowski

En muchas ocasiones la vida nos pone en situaciones tan difíciles que nos absorbemos tanto en la lucha por sobrevivir, que nos olvidamos de vivir plenamente. Pero, precisamente en esos momentos de lucha, debemos recordar que la verdadera vida no está solo en la batalla, sino en los pequeños instantes de calma, en los logros y en aprender a disfrutar del camino, no solo del destino. Es importante hacer una pausa y valorar lo que tenemos mientras seguimos adelante. La vida no se trata solo de resistir, sino de saber también cómo vivir.

Charles Bukowski nos invita a reflexionar sobre nuestra vida y si en verdad estamos tan ocupados con nuestras preocupaciones y obligaciones que olvidamos encontrar momentos de alegría y paz.

Necesitamos aprender a encontrar un equilibrio. Si bien es necesario luchar por nuestras metas y superar obstáculos, también es esencial detenernos de vez en cuando, respirar y disfrutar de las pequeñas cosas que nos hacen felices: una conversación con un ser querido, un paseo por el parque con nuestra mascota, o incluso una sonrisa.

DIA 73
"Si algo va pasar, va pasar."
- Edward A. Murphy Jr.

La "Ley de Murphy" es una regla no oficial que resume la inevitabilidad de los eventos. A menudo utilizada para aceptar la imprevisibilidad de la vida, nos invita a ser menos rígidos y más abiertos a lo que la vida tiene para ofrecernos. En esencia, es un recordatorio de que, aunque nuestra mente quiera anticiparse a los eventos, el flujo de la vida sigue su curso. Esta ley resalta la importancia de la aceptación y la serenidad ante lo que está por venir.

A veces nos aferramos a la incertidumbre y el miedo de lo que podría suceder, pero la Ley de Murphy nos recuerda que, si algo está destinado a suceder, lo hará, sin importar cuánto lo temamos. Esta verdad nos invita a confiar en el flujo natural de la vida y a tener la paz de que, a pesar de lo que pueda venir, todo tiene un propósito.

Lo que está destinado a ocurrir, ocurrirá, y lo que no, simplemente no.

DIA 74
"Si sabes lo que vales, ve y consigue lo que mereces."
- Rocky Balboa

Rocky le transmite esta idea a su hijo: que no importa cuántos golpes la vida nos dé, lo esencial es saber lo que valemos y salir a luchar por lo que merecemos. La vida está llena de desafíos, pero lo más importante es conocer nuestro propio valor. Cuando creemos en nosotros mismos y sabemos de lo que somos capaces, no hay barrera que nos detenga.

Esta frase de Rocky Balboa nos recuerda que el primer paso para lograr nuestras metas es tener claro lo que valemos. Si tienes esa certeza, el siguiente paso es ir con determinación por lo que te pertenece. Es importante no solo reconocer nuestro valor, sino también estar dispuestos a trabajar por lo que queremos, sin dejar que el miedo o las dudas nos paralicen.

No esperes que las oportunidades lleguen a ti, ve y conquista tus metas.

DIA 75

"Tengo dudas. Tengo inseguridad. Tengo miedo al fracaso. Tengo noches en las que me presento en la arena y pienso, me duele la espalda, me duelen los pies, me duelen las rodillas. No sé si lo lograré, sólo quiero relajarme. Todos tenemos dudas, pero no las niegas. Tampoco te rindes ante ellas. Las aceptas."

- Kobe Bryant

Kobe Bryant, uno de los más grandes jugadores de baloncesto, compartió esta reflexión sobre su propia experiencia de lucha y perseverancia. A lo largo de su carrera, él también pasó por momentos de incertidumbre y dolor físico. En lugar de rendirse o dejar que esas dificultades lo vencieran, Kobe las aceptó como parte del proceso y siguió trabajando incansablemente para alcanzar su potencial. Esta frase refleja la mentalidad de un campeón: la verdadera fuerza radica en perseverar incluso cuando la duda y el miedo nos acompañan.

No importa cuán talentosos o exitosos seamos, todos enfrentamos momentos de inseguridad. La clave es no dejarnos paralizar por esos sentimientos. En lugar de negarlos, debemos aceptarlos como parte del proceso y seguir adelante. Para aplicarlo en nuestra vida, es fundamental reconocer que las dificultades no desaparecen, pero nuestro enfoque hacia ellas puede cambiar. Cuando sintamos miedo o duda, en lugar de rendirnos, podemos usar esos momentos como impulso para seguir adelante, aprender y mejorar.

DIA 76

"Un hombre fuerte no necesita leer el futuro. Él hace su propio futuro."

- Solid Snake (Metal Gear Solid)

La frase de Solid Snake nos invita a entender que nuestra fuerza no radica en predecir lo que sucederá, sino en tomar control de nuestra vida y acciones para crear el futuro que deseamos.

No se trata de esperar pasivamente a que las cosas ocurran, sino de tomar decisiones firmes, trabajar con determinación y estar dispuestos a asumir la responsabilidad de nuestro destino.

La verdadera fortaleza está en no depender de lo que el futuro nos depare, sino en actuar hoy para construir ese futuro con nuestras propias manos.

No podemos prever todos los detalles del futuro, pero sí podemos dirigir nuestra energía hacia lo que está en nuestras manos hoy: estudiar, trabajar, mejorar, y mantener una actitud positiva ante los retos. Si te enfocas en el presente y tomas decisiones proactivas, crearás un camino sólido hacia el futuro que deseas. En vez de esperar que las circunstancias cambien, conviértete en el cambio que quieres ver.

DIA 77

"El miedo no es malo. Te dice qué es la debilidad. Y una vez que conoces tu debilidad, puedes volverte más fuerte y más amable."

- Gildarts Clive

El miedo no debe ser visto como un enemigo, sino como una señal de autoconocimiento. Nos muestra nuestras vulnerabilidades, pero también nos da la oportunidad de crecer.

En lugar de huir de lo que nos asusta, debemos enfrentarlo con valentía. Al hacerlo, no solo nos volvemos más fuertes, sino que también desarrollamos una mayor empatía hacia los demás, ya que reconocemos nuestras propias imperfecciones.

Cuando sentimos miedo ante algo, es el momento ideal para reflexionar sobre por qué nos asusta y qué debilidad está revelando esa emoción. Puede ser miedo al fracaso, a la incertidumbre, o a lo desconocido.

En lugar de evitar estos sentimientos, podemos usarlos como punto de partida para trabajar en esa área de nuestra vida. Al enfrentarlo, creceremos no solo en fortaleza mental, sino también en humildad y compasión, ya que comprenderemos que todos, de alguna manera, enfrentan sus propios miedos.

DIA 78

"Vengan a mí todos los que están afligidos y agobiados, y yo los aliviaré. Carguen sobre ustedes mi yugo y aprendan de mí, porque soy paciente y humilde de corazón, y así encontrarán alivio. Porque mi yugo es suave y mi carga liviana."

- Jesús (Mateo 11:28-30)

En este pasaje, Jesús invita a las personas que están pasando por dificultades, que se sienten abrumadas o agobiadas, a acercarse a Él. Les ofrece consuelo y alivio, asegurándoles que, si aceptan su guía y enseñanza, sus cargas serán más fáciles de llevar. Él se presenta como una fuente de paz y tranquilidad, dispuesto a ayudar a quienes se sienten perdidos o cansados.

Todos, sin importar nuestras creencias, atravesamos momentos difíciles en la vida. La invitación aquí es a buscar apoyo, si tienes fe y crees en Dios, acércate más a él y si no crees en él busca ayuda con las personas más cercanas a ti. Aprender de quienes tienen una perspectiva más tranquila y paciente ante los problemas, y tratar de no cargar el peso de todo por uno mismo es clave. La vida puede ser abrumadora, pero hay formas de hacerla más ligera, ya sea a través de la reflexión, el apoyo de otros, o simplemente cambiando la forma en que enfrentamos los desafíos. Es un recordatorio de que, a veces, aceptar ayuda y cambiar nuestra perspectiva puede hacer toda la diferencia.

DIA 79

"Dejar ir no significa olvidar. Dejar ir significa que los recuerdos tomen otra forma que no pese, sino que eleve."

- Pensador anónimo

Dejar ir no es borrar el pasado, sino liberar el corazón del peso que esos recuerdos pueden traer. Dejar ir, es entender que el pasado ya no puede cambiarse, pero puede transformarse en una fuente de aprendizaje y crecimiento.

Cuando dejamos ir, damos espacio para nuevas oportunidades y emociones, permitiendo que los recuerdos se conviertan en un impulso hacia un futuro más ligero y positivo.

Comienza reconociendo lo que te duele del pasado sin aferrarte a ello. Permítete sentir, pero no te quedes atrapado en esos sentimientos. Reflexiona sobre lo que esos recuerdos pueden enseñarte y cómo pueden inspirarte a ser más fuerte y sabio. Practica el perdón, ya sea hacia otros o hacia ti mismo, para soltar lo que ya no te sirve. Recuerda que cada experiencia tiene el potencial de elevarte si decides ver el valor en ella.

DIA 80

"He fallado una y otra vez en mi vida, por eso he conseguido el éxito."

- Michael Jordan

El éxito no es el resultado de la perfección, sino de la perseverancia frente a los fracasos. Cada error, cada caída, es una lección que nos acerca más a nuestras metas.

Michael Jordan nos recuerda que el verdadero éxito viene de la resiliencia, de levantarnos una y otra vez después de caer. Cada fracaso es una oportunidad para mejorar y acercarnos más a la versión más fuerte de nosotros mismos.

Cambia tu perspectiva sobre el fracaso. En lugar de verlo como un obstáculo, míralo como una oportunidad para aprender y crecer. No te rindas después de un tropiezo; usa cada error como un peldaño hacia el éxito. Mantén la perseverancia y la disciplina, recordando que el camino hacia el éxito está lleno de desafíos que, si los enfrentas con determinación, te llevarán más lejos de lo que imaginas.

DIA 81
"¿Por qué me preocupo por ellos?"
- Omni-Man (Invencible)

Omni-Man en un momento crítico, comienza a cuestionar sus acciones y el significado de su misión. La frase refleja el conflicto interno del personaje, un hombre que en su momento de desesperación y dudas llega a preguntarse si las emociones, como el amor y la compasión, tienen realmente valor para él.

En este punto de la historia, Omni-Man está abrumado por sus propios dilemas, cuestionando su misión y su propia existencia. La pregunta "¿Por qué me preocupo por ellos?" se convierte en un punto de quiebre para él, una reflexión que lo lleva a cuestionar si su visión del mundo, basada en la violencia y la indiferencia, realmente tiene sentido.

A veces, cuando nos enfrentamos a nuestras mayores batallas internas, llegamos a cuestionar el valor de nuestras emociones y nuestras conexiones con los demás. Como Omni-Man, podemos sentir que las dificultades de la vida nos están llevando al límite, pero en esos momentos es donde se esconde nuestra mayor fortaleza. Preocuparnos por los demás, amar, y ser compasivos, no es una debilidad, sino lo que nos permite seguir adelante. Es en la lucha contra nuestros propios demonios donde encontramos la verdadera humanidad y el propósito. Nunca subestimes el poder de tus emociones y conexiones, porque son ellas las que nos dan las fuerzas para continuar, incluso cuando todo parece perdido.

DIA 82
"Si te encuentras en un pozo, lo primero que tienes que hacer es dejar de excavar."
- John Marston

La frase de John Marston, un hombre marcado por sus propios errores y luchas, refleja una verdad fundamental: en los momentos más oscuros, cuando sentimos que tocamos fondo, lo más importante es no seguir cavando.

Marston, un personaje lleno de conflictos internos, sabe que no se puede salir de un pozo profundizando más en el dolor, la culpa o la desesperación. La clave está en detenerse, tomar una pausa y mirar lo que realmente necesitamos hacer para salir del ciclo negativo.

En la vida, a veces somos nosotros mismos quienes nos hundimos más con pensamientos destructivos o acciones impulsivas. Este mensaje nos invita a reflexionar sobre nuestra propia capacidad de detenernos, de buscar una salida antes de seguir empeorando las cosas. Reconocer el momento de parar es un acto de valentía, porque requiere introspección y aceptación.

DIA 83
"Nunca podrás amar a nadie más hasta que te ames a ti mismo."
- Lelouch Lamperouge

La frase de Lelouch Lamperouge, un joven líder marcado por sus decisiones y sacrificios, nos recuerda que el amor propio es la base de cualquier relación verdadera.

Lelouch, con su mente brillante y su corazón herido, entendió que solo cuando uno se acepta y valora a sí mismo, puede ofrecer lo mejor de sí a los demás. El amor propio no es egoísmo, sino el cimiento sobre el que construimos relaciones sanas y genuinas.

En la vida, a menudo buscamos fuera lo que solo podemos encontrar dentro de nosotros mismos.

Si no nos reconocemos y apreciamos nuestras propias virtudes y defectos, difícilmente podremos ofrecer amor verdadero a los demás. El primer paso hacia relaciones enriquecedoras es aprender a ser nuestra propia fuente de apoyo y comprensión. Recuerda que el amor no se trata de perfección, sino de crecimiento y aceptación mutua.

DIA 84

"De mis ojos brotan arroyos de agua [...]. Mis ojos llorarán sin parar, sin descanso."

- Jeremías (Lamentaciones 3:48, 49)

Esta reflexión nos invita a ver las lágrimas no solo como expresión de dolor, sino también como símbolo de nuestra humanidad y resiliencia. Todos, en algún momento, hemos llorado, ya sea por alegría o tristeza.

Los momentos de sufrimiento, como los que vivió Jeremías al ver la destrucción de Jerusalén, son universales, pero es en esos mismos momentos de angustia donde reside nuestra capacidad de sanar. Llorar no es un signo de debilidad, sino un proceso natural de liberación emocional, una forma de limpiar el alma para que, eventualmente, podamos volver a levantarnos con más fuerza.

A través del dolor, encontramos una profunda conexión con nosotros mismos y con los demás. Las lágrimas nos recuerdan que estamos vivos, que tenemos la capacidad de sentir y de sanar. Lo importante no es evitar el dolor, sino entender que, después de la tormenta, siempre llega la calma.

DIA 86

"El dolor es una experiencia subjetiva y personal, y cada persona lo vive y lo procesa de manera diferente."

- Pensador anónimo

El dolor, aunque común en su presencia, es profundamente único para cada persona. Lo que para uno puede ser una herida superficial, para otro puede ser una batalla emocional interminable.

La clave está en entender que el sufrimiento de los demás no se mide por nuestras propias experiencias. Cada ser humano procesa y vive el dolor de manera distinta, y esa diferencia no debe ser minimizada.

Al comprender esto, cultivamos empatía, un puente que nos conecta con los demás en su dolor, permitiéndonos ofrecer apoyo sin juicios. Es en la aceptación de que cada herida es diferente donde podemos aprender a ser más compasivos y generosos, tanto con los demás como con nosotros mismos.

DIA 86
"Este momento difícil no es eterno. Eres más grande que cualquier adversidad. El sol siempre vuelve a brillar, y con él, tu fuerza interior también lo hará."
- Pensador anónimo

Entiendo que ahora puede parecer que la oscuridad te rodea, que el dolor y el miedo son más grandes que cualquier esperanza, pero quiero que sepas algo muy importante: no estás solo. Aunque en este momento te cueste verlo, las dificultades que enfrentas no definen quién eres ni lo que vales. Eres mucho más fuerte de lo que imaginas, y lo que te está ocurriendo no es el fin de tu historia. Hay momentos en la vida donde la tormenta parece interminable, pero ten por seguro que siempre hay una salida, siempre hay luz, incluso cuando todo parece estar perdido.

El camino que estás recorriendo ahora te está forjando, te está enseñando a ser más resiliente, más sabio y más capaz de superar lo que el mundo te lanza. Busca ayuda cuando lo necesites; no hay vergüenza en pedir apoyo, ya sea de amigos, familiares o profesionales. Ellos pueden ser el faro que te guíe en los momentos más oscuros. Y recuerda, la decisión de rendirse nunca es la respuesta. La vida te ofrece nuevas oportunidades cada día, aunque hoy no lo puedas ver con claridad. Sigue adelante, paso a paso.

Eres valioso. Eres capaz. Y lo más importante, estás aquí por una razón. No dejes que nadie, ni nada, te haga dudar.

DIA 87
"El camino hacia el éxito no siempre es apoyado por los demás, pero lo que importa es que tú creas en ti mismo. Tu vida es tuya, y solo tú decides qué hacer con ella."
- Pensador anónimo

Es normal sentir miedo y dudar cuando no tienes el apoyo que esperabas, cuando las expectativas de los demás parecen pesar más que tus propios sueños. Pero quiero que recuerdes algo fundamental: esta es tu vida, y solo tú tienes el poder de decidir cómo vivirla. Puede que en este momento las cosas no salgan como esperabas, pero cada paso que das, aunque sea incierto, te acerca más a la persona que estás destinada a ser. La verdadera pregunta no es si las cosas saldrán bien o mal, sino si te arrepentirás de no haber intentado.

¿Vas a vivir siempre bajo el peso de lo que los demás piensan de ti? ¿Vas a dejar que el miedo de ser "la oveja negra" te impida seguir tus propios sueños? Al final, cuando mires atrás, lo que más pesará no será si seguiste o no las expectativas ajenas, sino si fuiste fiel a ti mismo y a lo que realmente querías. La vida no tiene garantías, pero tienes la oportunidad de hacerla tuya, de arriesgarte, de equivocarte y, sobre todo, de crecer. No te rindas ahora, porque el futuro te pertenece, y siempre hay tiempo para comenzar de nuevo.

Lo único que realmente importa es que al final de todo, puedas decir con orgullo: "Viví mi vida a mi manera."

DIA 88
"Cada día que decides no rendirte, es un paso más hacia la libertad. No estás solo en esta lucha."
- Pensador anónimo

Hoy, en este momento, tienes una oportunidad que muchos no tienen: la oportunidad de cambiar, de tomar las riendas de tu vida y construir un futuro mejor.

Sé que la lucha es difícil, que las tentaciones parecen más fáciles de enfrentar que el dolor de seguir adelante, pero te aseguro que en este momento de debilidad es donde se forja la verdadera fuerza. El alcohol o las drogas no son tus amigos, aunque te hayan prometido consuelo. Son sombras que oscurecen lo que realmente importa: tu vida, tu salud, tu familia y tu paz interior.

Recuerda que cada vez que te levantas después de caer, estás demostrando tu valentía. Cada día en que decides no ceder, estás eligiendo un futuro sin arrepentimientos.

No es fácil, y es posible que en el camino enfrentes momentos oscuros, pero tienes un propósito más grande que cualquier placer momentáneo.

Estás luchando por ti mismo, por los que te aman, por el hombre que sabes que eres y por el que puedes llegar a ser.

DIA 89
"Hay que aceptar aquello que jamás podrá ser."
- Pensador anónimo

A veces, aferrarnos a algo o a alguien que ya no puede ser parte de nuestra vida nos impide seguir adelante. Soltar a una persona es doloroso, pero liberador.

El valor y la fuerza no provienen de la negación, sino de la aceptación. Cuando entendemos que el fin de algo no significa el fin de todo, podemos abrir espacio para nuevas oportunidades y sanación.

El verdadero poder radica en liberarse de lo que no nos hace bien, incluso si es lo más difícil de hacer. Aceptar lo que no podemos cambiar es un acto de valentía, es natural sentir dolor al soltar, pero recuerda que aferrarse a lo que ya no es, solo te ancla al sufrimiento.

Acepta que algunas personas no están destinadas a estar en tu vida para siempre. Suelta con amor y gratitud por los momentos vividos, pero no te quedes atrapado en un "qué pudo haber sido". El proceso de soltar te permitirá sanar y crecer.

La verdadera paz llega cuando dejas ir... ¿Cómo podrás agarrar el futuro y las oportunidades venideras si sigues sosteniendo el pasado en tus manos?

DIA 90
"Aunque se vayan, su amor y recuerdos permanecerán con nosotros para siempre."
- Pensador anónimo

Esta frase hace reflexión a la perdida de alguien muy querido en nuestras vidas, pero en este caso nos vamos a enfocar en una mascota.

Perder a una mascota tan querida es un dolor inmenso, pero el amor que compartieron nunca desaparece, se transforma en un recuerdo eterno que siempre estará contigo.

Tu mascota te dio lo mejor de sí, y ese amor sigue siendo parte de ti. El regalo más grande que puedes hacerle ahora es vivir con gratitud por los momentos que compartieron, y seguir adelante con la misma valentía y amor que él te dio. El dolor es real, pero también lo es la fortaleza que tienes para seguir creciendo, honrando su memoria, y abriendo tu corazón a nuevas alegrías. Tu vida sigue siendo un hermoso camino por recorrer, con tu mascota siempre acompañándote en espíritu.

"El amor que una mascota nos da no tiene fin, ni siquiera cuando se despiden. Siempre vivirán en nuestro corazón."

DIA 91
"Las batallas más duras se pelean en la mente, no con la espada."
Senua

Las batallas más difíciles no siempre son visibles; a menudo, la guerra más dura ocurre dentro de nuestra mente. No se trata de luchar contra enemigos externos, sino de enfrentar nuestros propios miedos, dudas y limitaciones internas.

La verdadera fuerza no radica en vencer a otros, sino en superar nuestros propios demonios y seguir adelante a pesar de ellos. La mente es un campo de batalla constante, y quien logra dominarla, logra dominar su vida. Es fundamental reconocer que muchas de nuestras dificultades y limitaciones provienen de la forma en que pensamos.

Los pensamientos negativos, las inseguridades o el miedo pueden hacernos sentir incapaces de avanzar. Sin embargo, aprender a gestionar esos pensamientos, practicar el autocuidado mental y cambiar nuestra perspectiva frente a los problemas son formas de "ganar" estas batallas internas. Cuando logras controlar tu mente, las dificultades externas parecen mucho más manejables.

DIA 92
"Solo podemos vivir hasta el día de nuestra muerte. Controlar lo que podamos... y volar libres."
- Deneil Young

La vida es un regalo fugaz, y cada día es una oportunidad para vivir plenamente, controlando lo que podemos y dejando ir lo que no está en nuestras manos.

El miedo al futuro o el arrepentimiento por el pasado solo nos atan a lo que no podemos cambiar. Lo más liberador es aceptar que somos humanos, que la muerte es inevitable, pero mientras vivimos, tenemos el poder de hacer nuestras propias elecciones y volar libres, sin que el peso de lo que no podemos controlar nos detenga.

Es importante reconocer que el control sobre lo que nos sucede es limitado. No podemos predecir lo que el futuro nos traerá ni cambiar el pasado, pero sí podemos decidir cómo reaccionamos ante los desafíos y cómo aprovechamos cada día hoy.

En lugar de quedarnos atrapados en lo que no podemos controlar, debemos centrarnos en lo que sí podemos: nuestras decisiones, nuestras acciones, y nuestra actitud hacia la vida. Volar libres significa liberarnos del miedo, la ansiedad y la culpa, y abrazar el presente con la confianza de que estamos haciendo lo mejor posible con lo que tenemos.

DIA 93
"No busco motivación, busco disciplina y constancia."
- Ilia Topuria

La frase tiene un gran peso porque proviene de un atleta de élite que ha alcanzado la cima del deporte en la UFC. Topuria representa una mentalidad enfocada en el trabajo constante, la resiliencia y el compromiso diario, más allá de la motivación momentánea que puede ser fugaz. Para él, la motivación no es lo que lo lleva al éxito, sino la capacidad de seguir entrenando, mejorando y perseverando día tras día, independientemente de los altibajos emocionales o las circunstancias externas.

La motivación puede ser efímera, pero la disciplina y la constancia son las fuerzas que realmente nos llevan a alcanzar nuestras metas. El camino no será fácil, y el fracaso es inevitable, pero cada error es una lección que nos acerca a nuestro objetivo.

La confianza se construye día a día, con pequeñas victorias que nos demuestran que somos capaces de seguir adelante, incluso cuando las cosas no salen como esperábamos. La suerte no es algo que se pueda esperar, es cuando el esfuerzo se encuentra con la oportunidad, y eso solo se logra con trabajo constante.

Así que, sigue adelante, sigue siendo disciplinado y constante, porque el verdadero éxito se forja en la persistencia.

DIA 94

"Hasta que no empieces a creer en ti mismo, no vas a tener una vida."

- Rocky Balboa

La base de cualquier éxito en la vida comienza con la confianza en uno mismo. Sin creer en ti, no podrás dar el primer paso hacia lo que deseas alcanzar.

La autoconfianza es el primer motor que te impulsa a actuar, a perseguir tus sueños, y a superar las dificultades que se presentan en el camino. Si no te crees capaz, te quedarás estancado, sin vivir plenamente. Solo cuando realmente creas en tu valor y en tu potencial, estarás listo para crear la vida que mereces.

Empieza por reconocer tus fortalezas, por pequeñas que sean. Cada vez que te enfrentes a un reto, en lugar de dudar de ti mismo, recuerda todo lo que ya has superado. La autoconfianza se construye con pequeñas acciones diarias: asumir desafíos, aprender de los fracasos, y celebrar las victorias, por mínimas que sean. Deja de esperar que otros validen tu valor; empieza a ser el primero en creer en ti, porque solo entonces serás capaz de vivir con propósito y avanzar hacia tus metas.

DIA 95

"Mis ojos se debilitan de tristeza; han perdido su brillo por culpa de todos los que me acosan..."

- Rey David (Salmo 6:7)

David, a lo largo de toda su vida, enfrentó dolorosas situaciones de traición y sufrimiento. Fue odiado por muchos y traicionado por amigos y familiares. Sin embargo, en medio de la tristeza y el dolor, encontró consuelo en la certeza de que Dios nunca lo abandonaría.

Aunque las personas pueden fallarnos, Dios siempre está ahí para los que le son leales. El amor de Dios es incondicional y constante, independientemente de las circunstancias.

El dolor de las traiciones y las pérdidas es universal, y a veces sentimos que estamos completamente solos. Sin importar nuestras creencias, es importante encontrar en nuestra vida algo o alguien en quien podamos confiar. El apoyo emocional y el amor no siempre vienen de donde esperamos, pero lo importante es recordar que siempre podemos encontrar fortaleza dentro de nosotros mismos y en las personas que realmente nos valoran. La resiliencia y el amor propio son poderosos recordatorios de que, aunque el dolor es inevitable, no estamos condenados a vivir en él.

DIA 96

"Tú vienes a mí con espada, lanza y jabalina; más yo vengo a ti en el nombre de Jehová de los ejércitos, el Dios de los escuadrones de Israel."

- David (1 Samuel 17:45)

En este versículo, David se enfrenta a Goliat, el gigante que amenaza a su pueblo. David nos enseña que, cuando enfrentamos desafíos enormes, nuestra verdadera fuerza no proviene de las herramientas materiales, sino de nuestra fe y convicción.

Al igual que David confió en el poder de Dios para enfrentar a Goliat, nosotros también podemos encontrar coraje y fortaleza en nuestra fe, sabiendo que no estamos solos en nuestras luchas.

Con la confianza en Dios, incluso los obstáculos más grandes pueden ser superados.

DIA 97

"El día que el hombre supera sus deseos y adicciones, ese día se vuelve libre de verdad para lograr cosas increíbles y conocer su verdadero potencial."

- Pensador anónimo

Cuando el hombre logra vencer sus deseos y adicciones, no solo se libera de las cadenas invisibles que lo atan, sino que abre un mundo lleno de posibilidades.

La verdadera libertad no es hacer lo que uno quiera, sino tener el control total sobre uno mismo. Solo cuando superamos lo que nos limita, somos capaces de descubrir el increíble potencial que llevamos dentro, y alcanzar logros que antes parecían inalcanzables. La libertad verdadera nace cuando tomas las riendas de tu vida y eres dueño de tus decisiones.

La clave para superar cualquier adicción o deseo es tomar conciencia de lo que realmente quieres en la vida. Empieza por pequeños pasos, reconociendo tus debilidades sin juzgarte, y enfócate en lo que te aporta valor y crecimiento. Practica la autodisciplina a diario, eligiendo lo que te acerca a tus metas. Recuerda que la verdadera libertad se encuentra en ser dueño de tus pensamientos y acciones. Tu potencial solo se revela cuando dejas ir lo que te frena.

DIA 98

"Cuando los débiles cortejan la muerte, la encuentran."

- Grigori (Dragon's Dogma: Dark Arisen)

Esta frase nos recuerda que la debilidad no solo se refiere a la falta de fuerza física, sino a la falta de determinación y coraje para enfrentar los desafíos de la vida. Cuando te rindes ante la adversidad o te dejas arrastrar por el miedo y la desesperanza, te acercas a la derrota.

La verdadera fuerza reside en seguir luchando, en levantarte una y otra vez, incluso cuando todo parece en contra. Al enfrentar la vida con valentía y perseverancia, encuentras el poder para transformar tus dificultades en oportunidades.

No dejes que los momentos difíciles te quiten el impulso para seguir adelante. La vida siempre tendrá desafíos, pero la clave es no rendirse ante ellos. Practica la resiliencia: cada vez que enfrentes una caída, recuerda que te puedes levantar más fuerte. En lugar de cortejar la rendición, busca soluciones, mantén una actitud positiva y sigue adelante.

El verdadero poder está en persistir cuando todo parece perdido.

DIA 99

"No estoy seguro de si es posible o no. Estoy haciendo esto porque quiero. He decidido convertirme en el rey de los piratas, no importa si tengo que morir luchando para alcanzarlo."

- Monkey D. Luffy

"Si no te arriesgas, no puedes crear un futuro". Tomar riesgos es el primer paso para crear el futuro que deseas. Si te quedas en tu zona de confort, te pierdes las oportunidades de crecimiento y cambio. Como Luffy, la verdadera grandeza comienza cuando decides actuar, incluso sin saber si el camino será fácil.

El futuro no se construye con certezas, sino con la valentía de arriesgarse y la determinación de luchar por lo que quieres, sin importar los obstáculos. Como él dice, "No importa si tengo que morir luchando para alcanzarlo", porque al final lo que importa es el viaje, la lucha por tus sueños.

Para avanzar en la vida, comienza por tomar riesgos pequeños y graduales. No dejes que el miedo al fracaso te frene, cada intento es una oportunidad de aprender. No necesitas tener todas las respuestas, solo la determinación de seguir adelante. Cree en ti mismo y en tu capacidad para crear el futuro que deseas. La verdadera libertad viene de la acción, no de esperar que todo sea perfecto.

DIA 100
"Compré un libro para olvidarme de ti y en su primera hoja decía: 'No se olvida a quien se ama.'"
- Mario Benedetti

A veces intentamos huir de lo que sentimos, creyendo que el tiempo o las distracciones nos ayudarán a sanar. Pero la realidad es que el amor no se olvida simplemente con el paso de las páginas de un libro o con el tiempo.

El amor verdadero deja huellas profundas en el corazón, y esas huellas no desaparecen por completo, aunque intentemos ignorarlas. Aceptar lo que sentimos, aprender de esa experiencia y seguir adelante con valentía es lo que realmente nos permite sanar y crecer.

No intentes forzar el olvido ni huir de lo que sientes. Aceptar tus emociones es el primer paso para superarlas.

Cada experiencia de amor, aunque dolorosa, te enseña algo valioso sobre ti mismo. En lugar de distraerte, toma el tiempo para reflexionar sobre lo aprendido y utiliza esa sabiduría para crear un futuro mejor. El verdadero crecimiento llega cuando enfrentas lo que sientes y te permites sanar sin prisas.

DIA 101
"Si nadie lo ha hecho, entonces yo seré el primero."
- Ilia Topuria

La grandeza no espera permiso ni necesita caminos trazados. Si nadie lo ha hecho, entonces tú serás el primero. La historia no se escribe con miedo ni dudas, sino con acción y determinación.

No busques aprobación, crea tu propio camino. Enfrenta el miedo como un desafío, no como un obstáculo. Si caes, levántate con más fuerza. La única derrota real es la renuncia. Cree en ti, aunque nadie más lo haga. Y, sobre todo, recuerda: el primer paso siempre es el más difícil, pero también el más importante.

Un hombre no puede huir de su propia historia; tarde o temprano, el destino le preguntará si tuvo el valor de intentarlo.

Prefiero caer mil veces y levantarme... que vivir con la carga del "¿qué hubiera pasado?". Porque el verdadero fracaso no está en fallar, sino en nunca haberlo intentado.

DIA 102
"Hazlo, y si te da miedo, hazlo con miedo."
- Andrea Adrich

A veces el miedo es inevitable, pero no puede ser un obstáculo, sino una señal de que estás en el camino correcto. "Hazlo, y si te da miedo, hazlo con miedo" no significa que no sientas temor, sino que el miedo no debe detenerte.

Es normal sentir ansiedad al enfrentarte a algo nuevo, como un cambio de trabajo, emprender un negocio o independizarte, pero cada paso hacia lo desconocido es una oportunidad para crecer. Los que han alcanzado el éxito no son los que no temían, sino los que decidieron actuar a pesar del miedo, sin esperar tener todas las respuestas.

Entiende que el miedo es parte del proceso de crecimiento y transformación. El éxito no llega sin esfuerzo ni sin momentos de duda, pero es en esos momentos cuando realmente se forja tu capacidad para avanzar. No dejes que la presión te paralice, hazlo con miedo, pero hazlo. La única forma de saber si realmente puedes es intentándolo, y el primer paso es el más valioso. La verdadera derrota no está en caer, sino en no intentarlo nunca.

DIA 103
"Quiero ser como tú Thorfinn. Una persona que es fuerte, pero amable. Un hombre de verdad."
- Olmar (Vinland Saga)

La frase es dicha por Olmar, el cual observa en Thorfinn una fuerza increíble, no solo en su habilidad para luchar, sino en su madurez emocional al dejar atrás la violencia y buscar la paz. Thorfinn, después de vivir una vida marcada por la venganza y la guerra, llega a entender que la verdadera fuerza no está en ser temido o poderoso, sino en vivir de acuerdo con la paz y la compasión. "No tengo enemigos" refleja esa transformación interna, donde decide liberar su alma de la ira y la lucha constante, buscando en su lugar una existencia más plena y serena.

La verdadera fuerza no radica en la violencia ni en la imposición, sino en el equilibrio entre la firmeza y la bondad. No se trata solo de tener la capacidad de enfrentar grandes desafíos, sino también la sabiduría para ser compasivo y vivir en paz con uno mismo y con los demás.

La fortaleza verdadera es aquella que sabe cuándo actuar y cuándo ser amable, cuando la lucha no es contra otros, sino contra las propias sombras internas. La paz se encuentra cuando dejamos de ver enemigos y aprendemos a luchar por nuestra propia serenidad.

DIA 104
"Invencible es solo una palabra."
- Sekishusai Yagyu (Vagabond)

En Vagabond, Sekishusai Yagyu le transmite a Musashi que la palabra "invencible" es solo eso, una palabra. Musashi, joven y enérgico, está obsesionado con la idea de demostrar su fuerza al vencer a los mejores, pensando que, al hacerlo, él mismo alcanzaría una cualidad invencible. Este pensamiento erróneo lo lleva a buscar batallas más allá de su capacidad, a menudo sobreviviendo solo por suerte.

Yagyu, con más sabiduría y experiencia, le muestra que la verdadera fuerza no se basa en ganar sobre otros, sino en entenderse a sí mismo, reconocer tus fallas y seguir aprendiendo. La "invencibilidad" es un concepto vacío si no te enfrentas primero a tus propios miedos y limitaciones.

Yagyu nos recuerda que la verdadera fuerza no se mide por los títulos ni por los trofeos, sino por la humildad, el aprendizaje y la constante superación personal. Creer que una palabra o un título como "invencible" define quién eres, es un error que puede cegarte a lo que realmente importa: el crecimiento constante y el entendimiento profundo de tus propias limitaciones. La verdadera fuerza está en saber que siempre hay algo que aprender, incluso de tus derrotas. La invencibilidad no es un estado a alcanzar, sino una ilusión que nos impide ver el verdadero camino hacia la excelencia.

DIA 105
"¿Por qué nunca me doy cuenta de lo que tengo hasta que lo pierdo?"

- Guts (Berserk)

Guts, vive una vida de dolor y lucha constante. Su historia está marcada por la pérdida y la violencia, lo que le ha llevado a desarrollar una visión distorsionada de lo que realmente importa. La frase refleja el arrepentimiento y la sensación de vacío que siente al darse cuenta, tarde, de lo que ha perdido a lo largo de su vida: amigos, oportunidades y momentos de paz.

Guts, al igual que muchos de nosotros, aprende de la manera más difícil que la verdadera riqueza no está en lo que perseguimos, sino en lo que ya poseemos. Es un recordatorio de que la apreciación es algo que debemos practicar constantemente, no solo cuando ya es demasiado tarde.

Es una frase que refleja una de las realidades más dolorosas de la vida: a menudo no valoramos lo que tenemos hasta que ya no está a nuestro alcance. El dolor de la pérdida nos despierta, nos hace conscientes de las bendiciones que tuvimos, pero también nos ofrece una lección profunda: no debemos esperar a perder algo para darnos cuenta de su valor. La paz radica en aprender a apreciar lo que tenemos en el presente, en ser conscientes de nuestra vida, nuestras relaciones y nuestras oportunidades antes de que sea demasiado tarde.

DIA 106
"Tanto estrés para terminar aquí... en la tumba."

- Pensador anónimo

Esta frase nos recuerda la fragilidad de la vida y la importancia de no dejarnos consumir por el estrés y la rutina. La vida no se mide por las horas que pasamos en un trabajo, ni por las preocupaciones que nos agobian a diario. Al final, todo lo que acumulamos, todo el esfuerzo sin descanso, no tiene valor si no aprendemos a disfrutar lo que realmente importa: nuestra salud, las personas que amamos y los momentos de paz. En lugar de vivir para el trabajo y el estrés, debemos aprender a vivir para nosotros mismos, valorando cada día como un regalo y no como una carga.

Valora lo que tienes y lo que eres. Si el trabajo te consume, pregúntate si realmente vale la pena perder tu salud y felicidad por algo que, al final, no te llevará a ningún lugar significativo. Aprende a establecer límites y priorizar lo que te hace sentir pleno. Si sientes que tu rutina no te permite respirar, haz espacio para pequeños momentos de descanso. La vida es corta y muchas veces, nos centramos tanto en lo urgente, que olvidamos lo importante.

No dejes que el estrés te robe los momentos que realmente valen la pena.

DIA 107

"La vida puede cambiar en un segundo, y lo que hoy damos por hecho, mañana puede ser lo que más deseamos tener."

- Pensador anónimo

Esto nos recuerda lo impredecible que es la vida. A veces, nos enfocamos tanto en lo que no tenemos o en lo que nos falta, que olvidamos valorar lo que ya está frente a nosotros.

La salud, las relaciones, las oportunidades: todo lo que consideramos seguro puede transformarse en algo que anhelamos cuando ya no lo tenemos ya sea por un accidente o alguna enfermedad. Este recordatorio nos invita a ser más conscientes, a vivir con gratitud y a no esperar a perder algo para darnos cuenta de su verdadero valor.

Aprende a apreciar lo que tienes ahora mismo. No esperes a perder algo para reconocer lo importante que es. Haz espacio para la gratitud diaria y vive de manera consciente, sabiendo que todo lo que tienes en este momento es valioso. La vida es impredecible, por lo que cada día es una oportunidad para disfrutar, cuidar y mejorar lo que ya posees. No te dejes atrapar por la rutina o el estrés, porque lo que ahora parece seguro, mañana podría ser irremplazable. La verdadera riqueza está en saber valorar lo que está frente a ti, hoy.

DIA 108
"Tienes que dejar todo eso en el pasado, porque simplemente no importa, lo que importa es en lo que tú decides convertirte."
- Po (Kung Fu Panda 2)

Lo poderoso de que Po sea quien le diga esto a Shen, es que él no está hablando desde la perspectiva de alguien sin sufrimiento, sino desde alguien que ha vivido con esas cicatrices. Po ha aprendido a soltar su pasado, a pesar de la tremenda pérdida que sufrió de sus padres, y ha elegido ser algo más grande que su dolor, en alguien que puede perdonar y avanzar.

Al decirle a Shen que el pasado no importa y que lo único que cuenta es en lo que uno decide convertirse, Po no solo le ofrece una oportunidad a Shen de redención, sino también una lección universal: el pasado es algo que podemos dejar atrás, y lo que realmente nos define es cómo elegimos vivir el presente y construir nuestro futuro.

Esta frase nos invita a soltar las cargas del pasado y enfocarnos en el presente. A veces, nos aferramos a viejas heridas, errores o fracasos, pensando que definen quiénes somos, pero lo único que realmente define nuestro futuro es la decisión de reinventarnos. El pasado es solo una lección, no una cadena. Lo que importa es lo que elijamos hacer con lo que tenemos ahora. La verdadera fuerza está en dejar atrás lo que no podemos cambiar y dar un paso firme hacia lo que queremos ser.

DIA 109
"El hombre no está hecho para la derrota. Un hombre puede ser destruido, pero no derrotado."
- Ernest Hemingway

Hemingway nos recuerda que la verdadera fuerza no se encuentra en evitar caídas, sino en la capacidad de levantarnos una y otra vez, sin importar cuán difíciles sean las circunstancias. El ser humano tiene una resiliencia infinita; puede ser golpeado por la vida, puede sentirse derrotado en momentos de desesperación, pero nunca está realmente vencido hasta que decide dejar de luchar.

La clave no está en la caída, sino en la voluntad de seguir adelante, reconstruirse y seguir persiguiendo lo que importa.

La derrota solo existe en el momento en que te rindes. Si caes, no lo veas como el final, sino como una oportunidad para aprender y fortalecer tu espíritu. La vida no es fácil, pero lo que define tu camino no son las adversidades, sino la forma en que decides enfrentarlas. No importa cuántas veces te sientas derrotado; lo importante es levantarte, seguir adelante y recordar que tu verdadera fuerza reside en no dejar de intentarlo. El sufrimiento te puede destruir temporalmente, pero tu decisión de seguir te mantiene invencible.

DIA 110
"Un pájaro posado en un árbol nunca tiene miedo de que la rama se rompa, porque su confianza no está en la rama, sino en sus propias alas."

- Pensador anónimo

¿Y si todo sale mal?

Esta es una pregunta que todos nos hemos hecho en algún momento, especialmente cuando nos enfrentamos a grandes decisiones o desafíos. El miedo al fracaso, a perder el control, o a ser vencidos por las circunstancias, a menudo nos detiene antes de intentar. Pero, al igual que el pájaro en la frase, debemos recordar que nuestra verdadera confianza no está en las "ramas" externas que creemos que nos sostienen, sino en nuestras propias "alas".

La vida siempre estará llena de incertidumbre, pero si confiamos en nuestras habilidades, en nuestra capacidad de adaptarnos y seguir adelante, podemos volar por encima de cualquier obstáculo, sin miedo a lo que no podemos controlar.

La clave está en tener fe en nosotros mismos, no en las circunstancias.

DIA 111

"Todo tiene un principio y un final. La vida es solo un ciclo de inicios y finales. Hay finales que no deseamos, pero son inevitables, tenemos que afrontarlos. De eso se trata ser humano."

- Jet Black (Cowboy Bebop)

Jet Black y su reflexión sobre los finales y los comienzos refleja su propio proceso de aceptación de los cambios que la vida le impone, y cómo, a pesar de la tristeza y las despedidas, siempre hay espacio para el nuevo ciclo que comienza.

La vida es un flujo continuo de cambios. Los comienzos nos llenan de emoción y esperanza, pero los finales, aunque dolorosos, son una parte igualmente importante de nuestra experiencia. No podemos evitar que algo termine, pero lo que sí podemos controlar es cómo enfrentamos esos momentos. Es importante aceptar que todo tiene un ciclo: los trabajos, las relaciones, las etapas de nuestra vida.

Cuando un final llega, es normal sentir tristeza, miedo o incertidumbre. Sin embargo, en lugar de resistirnos o aferrarnos a lo que ya no está, debemos aprender a ver cada final como una oportunidad de crecimiento. Al aceptar los finales como una parte natural del proceso, nos liberamos del sufrimiento innecesario y nos abrimos a nuevas posibilidades. Ser humano no es solo disfrutar de los inicios, sino tener la fuerza y la madurez para aceptar los finales con valentía y aprender de ellos.

DIA 112

"Siempre le daré gracias a la vida por haberme cruzado en tu camino."

- Pensador anónimo

Cada encuentro, cada relación, tiene el poder de transformarnos, de enseñarnos algo nuevo, de darnos fuerza o incluso de hacernos ver la vida desde otra perspectiva. A veces, no valoramos lo suficiente el impacto que alguien tiene en nuestra vida hasta que nos detenemos a reflexionar sobre lo que hemos aprendido o lo que hemos crecido gracias a esa conexión.

La gratitud es una forma poderosa de reconocer lo positivo que hay en nuestras vidas y de vivir con una mayor conciencia y aprecio por las bendiciones que nos rodean.

Hoy mismo, toma un momento para agradecer a las personas que han tenido un impacto positivo en tu vida. Ya sea un amigo, un familiar o alguien que, aunque no esté cerca ahora, dejó una huella importante en tu camino. La gratitud diaria, aunque sea por lo más pequeño, puede cambiar la forma en que ves la vida. No te olvides de valorar los momentos que compartes con los demás y de reconocer el impacto que tienen en tu crecimiento personal.

Al final, son esas conexiones lo que realmente dan sentido y profundidad a nuestro camino.

DIA 113

"Preocupándote de una sola hoja... no verás el árbol. Preocupándote de un solo árbol... no verás el bosque entero."
- Soho Takuan (Vagabond)

Takuan, un monje zen, le dice estas palabras a Musashi, quien está atrapado en su propia obsesión con la violencia y la búsqueda constante de ser el mejor. Musashi, en su impulso por perfeccionarse en el combate, a menudo se enfoca demasiado en pequeños detalles, lo que lo aleja de ver la imagen más grande de su vida. Takuan le enseña a Musashi que la verdadera maestría no se encuentra en obsesionarse con cada paso individual, sino en tener una visión más amplia de lo que está haciendo y lo que representa. Es un llamado a la serenidad y a la sabiduría en medio de la lucha.

Esta frase nos invita a tomar perspectiva y no quedarnos atrapados en los pequeños detalles que nos nublan la vista. La vida tiene muchos aspectos, y si nos enfocamos demasiado en una preocupación o en un solo problema, podemos perder la visión de todo lo que realmente importa. La verdadera sabiduría está en poder mirar más allá de lo inmediato, en ver el panorama completo, y reconocer que todo está conectado. No dejes que una pequeña dificultad te haga perder la belleza de la totalidad.

DIA 114
"Ya caminaste sobre fuego y sigues aquí, no dudes ni un segundo de ti."

- Pensador anónimo

Has pasado por pruebas que muchos no podrían soportar, y, sin embargo, aquí estás, más fuerte, más sabio y más decidido que nunca. Has enfrentado la oscuridad, has caminado a través de tus miedos, has sobrevivido a lo que parecía imposible, y aquí sigues, de pie. Eso no es solo supervivencia, es la prueba de tu fuerza. No importa cuántas veces caíste, ni cuántas veces sentiste que el peso del mundo era demasiado. El hecho de que sigas aquí, con vida, con sueños, con fuerza, es la prueba de que eres un guerrero, un hombre increíble, uno que no se deja definir por las dificultades, sino por cómo se levanta después de cada golpe.

La vida, aunque pueda ser dura, también está llena de belleza y oportunidades. La luz siempre encuentra su camino a través de la oscuridad, y tú tienes el poder de ver esa luz, porque ya has demostrado que nada puede apagarte. Tienes dentro de ti una fuerza infinita que puede mover montañas, un coraje que te ha permitido salir adelante hasta ahora y seguir avanzando. No dejes que las dudas te roben lo que has construido, lo que has superado. Eres más grande que cualquier desafío. Eres más que capaz. Y recuerda, la vida es tan hermosa como decidas verla; tú eres el autor de tu propia historia y la estás escribiendo de una manera increíble. No dudes ni un segundo de ti.

DIA 115
"Nadie vendrá y te salvará."

- Pensador anónimo

Tú eres tu propio salvador. Hay momentos en la vida en los que caemos en pozos oscuros, llenos de problemas, de tristeza, de desesperanza. Miramos a nuestro alrededor esperando que alguien llegue y nos saque de ahí, pero el mundo sigue girando, las personas siguen luchando sus propias batallas, y nadie vendrá con una cuerda mágica para rescatarnos. Pero aquí está la clave: no necesitas que nadie te salve.

Dentro de ti hay una fuerza más grande de lo que imaginas, un guerrero que ha sobrevivido a todo lo que la vida le ha lanzado hasta ahora. Si has llegado hasta aquí, es porque has sido lo suficientemente fuerte para soportarlo. No esperes a que el destino cambie por sí solo o a que alguien más arregle lo que duele en tu interior. Tienes dentro de ti todo lo que necesitas para levantarte, para reconstruirte, para convertirte en alguien aún más fuerte.

Cuando aprendes a salvarte a ti mismo, te das cuenta de que nunca más volverás a sentirte indefenso.

No necesitas un héroe porque tú eres tu propio héroe. Así que da el primer paso, aunque sea pequeño.

Levántate, lucha, avanza. Porque si nadie viene a salvarte, eso solo significa que tú tienes el poder de hacerlo por ti mismo. Y cuando lo logres, mirarás atrás y te darás cuenta de que siempre fuiste lo suficientemente fuerte.

DIA 116

"Si empiezas a arrepentirte, opacarás tus decisiones futuras y dejarás que otros tomen las tuyas. Entonces, solo te queda morir. Nadie puede predecir el resultado. Cada decisión que tomas tiene sentido solo si afecta a tu próxima decisión."

- Erwin Smith

La vida es un constante flujo de decisiones, y cada una de ellas, aunque incierta, te lleva hacia el siguiente paso. El arrepentimiento solo frena tu avance y te roba el poder sobre tu futuro.

Es natural dudar, pero si te quedas atrapado en lo que ya pasó, no podrás moverte hacia lo que viene. La clave está en tomar decisiones con confianza, aprender de cada una y verlas como escalones hacia tu próximo logro. El verdadero poder está en saber que lo único que puedes controlar es lo que eliges hacer ahora. La vida sigue, y tu viaje también.

Enfócate en el presente y en lo que puedes controlar, porque el futuro depende de lo que elijas hoy.

DIA 117
"¿Sabe usted lo que es esperar veinte años para vivir un solo día y cuando ese día llega encontrarlo también negro y vacío?"
- Alejandro Casona

En Los árboles mueren de pie de Alejandro Casona, los personajes luchan con sueños postergados, frustraciones y una constante expectativa de un futuro mejor. Esta pregunta refleja la tragedia de esperar tanto tiempo por algo que se cree que resolverá todo, solo para descubrir que no es tan perfecto como esperábamos.

Es una crítica a la vida que dejamos pasar mientras nos centramos únicamente en el futuro, sin darnos cuenta de lo valioso que es el presente. Es una llamada de atención sobre la importancia de valorar cada día, de no posponer la vida en busca de un "momento perfecto", porque la vida no espera, y cada día tiene su propio valor.

Esperar veinte años por un solo día puede ser visto como la metáfora de vivir solo para el futuro, sin disfrutar el presente. Y cuando ese día llega, al no haber vivido realmente antes, lo que encontramos es una sensación de vacío, de insatisfacción. La verdadera vida no está en la espera, sino en lo que hacemos mientras esperamos. Si solo esperamos por el futuro sin disfrutar el camino, podríamos encontrarnos con una vida llena de vacíos y arrepentimientos.

DIA 118
"El secreto de la existencia no consiste solamente en vivir, sino en saber para qué se vive."
- Albert Camus

Esta profunda reflexión de Albert Camus en La peste nos invita a ir más allá de la simple rutina diaria. Vivir no es solo respirar y existir; se trata de encontrar un propósito, un sentido que guíe cada uno de nuestros pasos. El verdadero valor de la vida radica en descubrir qué la hace significativa. Sin un propósito claro, los días se desvanecen, se vuelven repetitivos y vacíos. Sin embargo, cuando encontramos algo por lo que levantarnos cada mañana, cuando comprendemos el "para qué" de nuestra existencia, cada momento se llena de sentido y energía.

La pregunta de Camus nos lleva a cuestionar si realmente estamos viviendo plenamente o si simplemente estamos dejando que los días pasen sin un propósito más grande. Saber para qué vives es lo que te da dirección, motivación y la capacidad de enfrentar incluso los momentos más oscuros con esperanza. El objetivo no es solo sobrevivir a la vida, sino encontrar aquello que nos hace sentir vivos de verdad.

DIA 119
"No eres tus pensamientos; eres quien los observa y puedes cambiarlos."
- Joe Dispenza

Tú no eres prisionero de lo que piensas. A menudo, nos identificamos tanto con nuestros pensamientos que creemos que son nuestra realidad, pero la verdad es que somos el observador de esos pensamientos. Tienes el poder de cuestionarlos, cambiarlos y redirigirlos hacia lo que te empodera. La clave está en tomar conciencia de que tus pensamientos no definen quién eres, sino que tú eres quien decide qué pensamientos valen la pena seguir.

Esto te da una libertad increíble, porque al comprender que puedes cambiar tu manera de pensar, puedes transformar completamente tu vida. Si te encuentras atrapado en pensamientos negativos o limitantes, recuerda que tienes el poder de redirigir tu mente hacia pensamientos que te fortalezcan, te hagan crecer y te acerquen a tu mejor versión.

Elige pensar en grande, elige pensamientos que te motiven y te impulsen hacia el éxito.

DIA 120
"Una persona cambia por 2 razones: por inspiración o por desesperación. Es decir, porque ha aprendido demasiado o porque ha sufrido lo suficiente."
- Alan Watts

En la vida, todos pasamos por momentos de cambio, ya sea porque descubrimos algo que nos inspira a ser mejores o porque llegamos al punto de no poder tolerar más lo que nos limita. El sufrimiento puede ser un maestro implacable, pero la inspiración es la fuerza que nos eleva sin tener que golpear el fondo.

La verdadera y real transformación ocurre cuando elegimos cambiar sin esperar a que el dolor sea el único motivador.

Al aprender, al crecer, al nutrirnos de nuevas experiencias y sabiduría, podemos tomar decisiones que nos lleven a un camino de autenticidad y éxito, sin necesidad de llegar a los límites del sufrimiento.

Elige cambiar y mejorar, no dejes para mañana lo que puedas comenzar hoy.

DIA 121

"La soledad es peligrosa. Es adictiva. Una vez que te das cuenta de cuánta paz hay en ella, no quieres lidiar con la gente."

- Carl Gustav Jung

Las palabras de Carl Gustav Jung nos invitan a reflexionar sobre el equilibrio que debemos encontrar entre la soledad y las relaciones. Si bien la soledad puede ofrecernos claridad y paz interior, también puede aislarnos de las conexiones humanas que son esenciales para nuestro crecimiento.

La verdadera fuerza no está en evitar a los demás, sino en encontrar paz dentro de nosotros mismos sin renunciar a lo que nos une a los otros. La soledad puede ser una herramienta poderosa para la autocomprensión, pero nunca debe convertirse en una escapatoria de las experiencias enriquecedoras que vienen de compartir con otros.

Encuentra momentos de soledad que te ayuden a reflexionar y recargar energías, pero recuerda que las relaciones humanas también son una fuente de crecimiento. No te desconectes completamente del mundo exterior; las conexiones con los demás pueden enseñarte tanto como la introspección. La clave está en balancear tu tiempo entre la paz interior que la soledad ofrece y las interacciones que enriquecen tu vida.

DIA 122
"Todas las personas verdaderamente fuertes son amables."
- Soho Takuan (Vagabond)

Takuan le habla a Musashi y le muestra que la verdadera fortaleza viene de la humildad, la paz interior y el respeto por los demás. Esta frase resalta la diferencia entre la fuerza física y la verdadera fuerza espiritual, invitando a Musashi (y a todos nosotros) a buscar un equilibrio entre poder y compasión.

Nos recuerda que la verdadera fortaleza no se mide por el poder físico o por la capacidad de dominar a los demás, sino por la capacidad de ser amable, incluso en las circunstancias más difíciles. La verdadera fuerza radica en el control de uno mismo, en ser compasivo y en mostrar empatía, incluso cuando la vida te desafía. La fuerza no está en herir, sino en sanar, no en imponer, sino en entender.

El verdadero guerrero no es aquel que vence a los demás, sino el que vence su ego y actúa con bondad.

DIA 123
"¿Qué harás cuando tu madre ya no esté contigo?"
- Pensador anónimo

Esta pregunta profunda nos hace reflexionar sobre el valor incomparable que tiene una madre en nuestras vidas. A menudo damos por sentada la presencia de aquellos que más nos quieren, pero el tiempo no es eterno y, cuando menos lo esperamos, todo puede cambiar.

La respuesta a esta pregunta no debe ser una inquietud por la pérdida, sino un recordatorio de lo que podemos hacer mientras nuestra madre está a nuestro lado: amarla, apreciarla y darle las gracias por todo lo que ha hecho. Cuando finalmente llegue el momento de la despedida, que no nos quede ningún remordimiento por no haberle mostrado todo el amor que sentíamos.

Hoy, aprovecha cada día para mostrarle lo importante que es para ti. Cada gesto, cada palabra de agradecimiento cuenta. Nunca es demasiado tarde para reconocer el amor incondicional que una madre brinda. Y para quienes ya han perdido a su madre, recuerda que su amor siempre permanecerá en tu corazón, y que su legado vive en ti.

DIA 124
"¿Qué harás cuando tu padre ya no esté contigo?"
- Pensador anónimo

Esta pregunta no solo nos invita a pensar en la inevitable separación que el tiempo y la vida traen, sino también en el papel fundamental que un padre desempeña en nuestra existencia. Un padre no es solo una figura, es el pilar que sostiene el hogar, la guía que nos orienta a través de las tormentas de la vida y el ejemplo de fortaleza y sacrificio. Cuando un padre ya no está, hay un vacío que parece imposible de llenar, una sombra que queda sobre todos los aspectos de nuestra vida.

Padre es sinónimo de responsabilidad. Nos muestra qué significa ser fuerte, pero también qué significa ser amables, nos enseña cómo ser líderes, pero también cómo ser humildes. La vida cambia sin su presencia, pero el verdadero desafío no es solo sentir la pérdida, sino honrar todo lo que él nos enseñó y llevar adelante lo que nos dejó.

Hoy, si tienes a tu padre presente, aprovecha para agradecerle, porque lo que él hizo por ti va más allá de las palabras. Agradece por cada sacrificio, por cada consejo, por ese amor silencioso que a veces solo un padre sabe dar. Y si ya no está a tu lado, entonces vive de manera que su legado nunca se olvide, porque de él aprendiste lo más valioso: ser responsable, ser fuerte y ser amoroso, sin dejar de ser tú mismo.

DIA 125
"Un hermano es el mejor amigo que puedes tener, porque siempre te entiende sin necesidad de palabras."
- Pensador anónimo

A lo largo de nuestras vidas, enfrentamos momentos de alegría, tristeza, desafíos y éxitos, y tener un hermano a tu lado hace que todo sea más llevadero. No importa si estamos distanciados por kilómetros o por circunstancias, el simple hecho de saber que siempre podemos contar con el apoyo de un hermano, con su comprensión inmediata, es un regalo invaluable.

Un hermano no solo es alguien con quien compartimos la vida, sino una persona que, sin necesidad de hablar, sabe exactamente lo que sentimos, lo que necesitamos, y siempre está ahí para ofrecernos su ayuda, su tiempo, o simplemente su presencia.

Hoy quiero agradecerte, por ser esa persona con la que puedo contar sin temor, sabiendo que me entiendes con solo una mirada. Gracias por tus silencios llenos de sabiduría, por tus palabras cuando las necesito, y por ser el amigo que no pide nada a cambio. No hay forma de expresar con palabras lo que siento, porque tú ya sabes lo que quiero decir. Eres la parte de mí que siempre está allí, incondicionalmente, y eso es lo que hace que nuestro vínculo sea único. Gracias por ser tú, por tu paciencia, por tu amor, y por estar siempre ahí.

DIA 126
"No puedes ganar en la vida, si estás perdiendo en tu mente."
- Pensador anónimo

Todo en la vida comienza con la forma en que pensamos. La mente es el terreno donde se siembra todo lo que hacemos, desde nuestras metas hasta nuestra actitud frente a los desafíos. Si en tu mente te permites dudas, miedos y pensamientos limitantes, no importa cuán duro trabajes, la victoria se vuelve inalcanzable.

El primer paso para ganar en la vida es cultivar una mentalidad positiva, de confianza y resiliencia. Si logras conquistar tu mente, la vida externa seguirá esa fuerza interna que hayas creado. Comienza por ser consciente de tus pensamientos. Cuando te enfrentes a una dificultad o a un reto, pregúntate: "¿Cómo estoy viendo esta situación? ¿Estoy enfocándome en las posibles fallas o en las oportunidades que existen?" A partir de ahí, empieza a transformar esos pensamientos negativos en positivos.

La clave está en reemplazar el 'no puedo' por 'lo intentaré' y el 'es muy difícil' por 'puedo aprender y crecer con esto'.

DIA 127
"¿Quién soy? Ni siquiera sé quién soy... ¿Quién soy? No soy nadie."

- Rango

Rango, se encuentra perdido y comienza a cuestionar quién es y cuál es su propósito. Es un ser que, al principio, no sabe quién es ni cómo encajar en el mundo que lo rodea. A lo largo de su viaje, sin embargo, va descubriendo que la clave no es encontrar una respuesta fija a esa pregunta, sino entender que la vida misma es un proceso de autodescubrimiento.

Al final, lo que lo define es el valor de ser auténtico, de no tener miedo a no saber quién eres, sino de seguir adelante en la búsqueda y tener la valentía de crear tu propia identidad.

A menudo nos encontramos perdidos, buscando nuestro propósito o nuestra identidad. Pero, es que el simple hecho de cuestionarnos quién somos es una de las primeras señales de que estamos en el camino correcto para encontrarnos.

La vida no es un destino fijo, sino un viaje lleno de descubrimientos. No necesitas tener todas las respuestas ahora mismo; la clave está en la búsqueda constante de quién deseas ser y lo que quieres hacer con tu vida. Cada experiencia, cada desafío, cada elección te están formando, y lo que consideras una duda hoy puede ser el motor que te impulse a encontrar tu verdadera esencia.

DIA 128
"La felicidad no se trata de conseguir lo que quieres, sino de disfrutar lo que tienes."

- Pensador anónimo

A menudo nos enfocamos tanto en lo que nos falta, en los logros que aún no hemos alcanzado, que olvidamos lo que ya tenemos.

La verdadera felicidad no radica en obtener más, sino en valorar y aprovechar lo que está justo frente a nosotros. Disfrutar de lo que ya poseemos—ya sea un momento de paz, una relación cercana, un logro pequeño pero significativo—nos permite vivir con gratitud y plenitud.

No necesitas esperar a tenerlo todo para ser feliz; la felicidad está en saber saborear cada paso del camino, en apreciar lo simple y lo cotidiano.

Comienza hoy mismo a reconocer las pequeñas bendiciones que te rodean: un buen café por la mañana, una charla con un ser querido, un día soleado. Haz una pausa cada vez que te sientas atrapado en lo que no tienes y recuerda todo lo que ya has conseguido. La felicidad florece cuando nos permitimos disfrutar del presente y ser agradecidos por lo que somos y lo que tenemos ahora.

DIA 129
"Soy sabio porque alguna vez fui necio."

- Pensador anónimo

La sabiduría no proviene de la perfección, sino de la experiencia. Cometer errores no es un signo de debilidad, sino una de las formas más poderosas de aprender. Cada fallo, cada paso en falso nos enseña algo valioso, y aquellos que nos dan consejos no lo hacen desde la superioridad, sino desde el aprendizaje obtenido a través de sus propios tropiezos.

No tengas miedo de equivocarte; es a través de esos momentos de dificultad donde realmente creces. La verdadera sabiduría se encuentra en aprender de los errores, no en evitarlos, y en usar esas lecciones para construir un camino más sólido hacia el futuro. Cuando enfrentes un error o fracaso, no lo veas como un retroceso, sino como una oportunidad de crecimiento.

La próxima vez que alguien te dé un consejo, recuerda que es probable que esa persona haya caminado un sendero lleno de aciertos y errores, y eso es lo que le da el valor de compartir su experiencia. Aprovecha cada tropiezo para aprender y evolucionar.

La sabiduría viene del recorrido, no de la perfección.

DIA 130
"Si te dijera que nombres todo lo que amas en esta vida... ¿Cuánto tiempo tardarías en nombrarte a ti mismo?"

- Pensador anónimo

A menudo nos enfocamos en el amor hacia los demás, en las cosas que valoramos o deseamos, pero rara vez nos damos cuenta de cuánto debemos amarnos a nosotros mismos. El amor propio no es egoísmo; es reconocer nuestra propia valía, cuidarnos, y entender que somos merecedores de todo lo bueno que la vida tiene para ofrecer.

Si nos olvidamos de amarnos a nosotros mismos, ¿cómo podemos esperar que el mundo nos ame de la misma manera? Es esencial que te pongas en primer lugar, que te valores y te des el tiempo y el espacio para crecer, sanar y ser feliz.

Hoy, haz una pausa y pregúntate qué cosas amas de ti mismo. Tal vez tu capacidad para escuchar, tu resiliencia o el simple hecho de estar aquí luchando día a día. Dedica tiempo a cuidarte y a reconocer lo valioso que eres. Solo cuando aprendas a amarte de verdad, podrás compartir ese amor de manera más auténtica con los demás. Recuerda que el amor propio es la base de todo: si no te pones a ti mismo en la lista de lo que amas, es difícil que encuentres plenitud en las demás áreas de tu vida.

DIA 131
"No puedes controlar el viento, pero puedes ajustar las velas."

- Pensador anónimo

La vida está llena de imprevistos, momentos que no podemos controlar y desafíos que surgen sin previo aviso. Pero lo que sí podemos controlar es cómo reaccionamos ante ellos. No se trata de evitar las tormentas, sino de aprender a navegar a través de ellas.

Las dificultades llegarán, pero lo importante es ajustar nuestra mentalidad, adaptarnos y seguir adelante con determinación. El verdadero poder está en nuestra capacidad de respuesta: cómo enfrentamos los problemas, cómo seguimos moviéndonos hacia adelante, incluso cuando las condiciones no son las ideales.

Cuando enfrentes adversidades, no te enfoques en lo que no puedes controlar. En lugar de frustrarte por el viento que sopla en tu contra, ajusta tus velas: cambia tu perspectiva, adapta tu enfoque y sigue buscando soluciones. La clave está en mantener la calma, confiar en tu capacidad de adaptación y recordar que, aunque no siempre puedas controlar las circunstancias, sí puedes elegir cómo responder ante ellas.

DIA 132
"¿Puedes ver lo infinito que eres?"

- Takehiko Inoue

Esta pregunta es una invitación a reconocer tu inmenso potencial como ser humano. Eres mucho más de lo que piensas. Dentro de ti reside la capacidad de crecer, cambiar, sanar y transformar tu vida en cualquier momento. Somos seres infinitos porque nuestra capacidad de evolución no tiene límites.

El solo hecho de ser humano nos conecta con un poder interior tan vasto que muchas veces no logramos comprender completamente. Tienes dentro de ti la fuerza para superar obstáculos, para aprender de tus errores, para reinventarte una y otra vez.

Hoy, tómate un momento para reflexionar sobre todas las veces que has superado dificultades, cómo has cambiado y cómo has crecido a través de los años. Recuerda que cada desafío es una oportunidad para descubrir una nueva faceta de ti mismo. No te limites, ni te pongas barreras. Lo que eres ahora no es lo único que serás; tu potencial es infinito.

Así que comienza hoy a ver cada experiencia como un paso hacia la mejor versión de ti mismo.

DIA 133
"El cambio no llega cada 1 de enero, un lunes o un nuevo mes. El cambio llega cuando decides tomarlo."

- Pensador anónimo

El cambio no depende del calendario, ni de una fecha especial ni de una condición externa. El verdadero cambio sucede cuando tomamos la decisión de transformarnos, sin esperar a que el momento sea perfecto.

El único momento que tienes es ahora. Si deseas cambiar, empieza hoy, y verás que los pequeños pasos te llevarán hacia una nueva versión de ti mismo.

Debemos dejar de esperar a que una fecha especial nos impulse a actuar. Muchas veces pensamos que el cambio comienza con una nueva semana, mes o año, pero en realidad, lo importante es tomar la decisión hoy de hacer algo diferente. Puede ser desde mejorar un hábito pequeño, como levantarse más temprano, hasta dar pasos significativos en nuestras metas.

La clave está en la decisión: el cambio real comienza cuando decides comprometerte con lo que deseas y tomar acción, sin posponerlo.

DIA 134

"Tengo salud, tengo donde dormir, tengo que comer, tengo ropa para vestirme... no podría estar más bendecido."

- Pensador anónimo

A veces nos enfocamos tanto en lo que nos falta que olvidamos valorar lo que ya tenemos. Esta frase nos invita a poner en perspectiva las bendiciones diarias que a menudo damos por sentadas.

La verdadera abundancia está en apreciar lo esencial: la salud, un techo, comida y la ropa que nos cubre. Al ser conscientes de estas bendiciones, podemos encontrar paz y gratitud en el presente, sabiendo que ya somos ricos en lo que realmente importa.

Es importante practicar la gratitud diaria. En lugar de centrarnos en lo que no hemos logrado o en lo que nos falta, podemos hacer una pausa y reconocer todo lo que tenemos. Al hacerlo, cambiamos nuestra perspectiva y nos damos cuenta de que, aunque siempre hay más por lograr, ya tenemos mucho por lo cual estar agradecidos.

Practicar esta gratitud nos conecta con lo positivo y nos ayuda a sentirnos más satisfechos y en paz con nuestra vida.

DIA 135

"Los chistes quedan vacíos como las copas, las sonrisas se apagan como las luces, las mujeres huyen cuando no hay plata, la noche ya no es mi cuna y mi brújula se rompió como mi alma."

- Gaspi (Youtuber)

Esta frase refleja un sentimiento de vacío y desesperanza cuando las cosas superficiales y materiales dejan de tener valor. Nos recuerda que, cuando nos alejamos de lo esencial, como el amor propio y el bienestar interior, todo lo demás pierde su propósito. El dinero, la apariencia y la búsqueda constante de placeres son solo parches temporales; lo que realmente necesitamos es encontrar un sentido profundo en nuestra vida, recuperar nuestra brújula interna y sanar nuestra alma.

Es esencial comprender que, aunque las riquezas y las apariencias pueden atraer y darnos satisfacción momentánea, el verdadero sentido de la vida viene de adentro. Si sentimos que algo nos falta, como un propósito o una conexión genuina, debemos reflexionar sobre nuestras prioridades. ¿Estamos buscando el bienestar y la paz interior, o estamos buscando validación externa? El dinero y las sonrisas pueden desaparecer, pero si cultivamos la autocomprensión y la fortaleza emocional, encontramos una guía que nos sostiene en los momentos difíciles. Es fundamental reconectar con lo que realmente nos hace felices y nos da paz, más allá de lo que el mundo externo pueda ofrecer.

DIA 136

"Sin dolor, no creces. Sin metas, no avanzas. Sin riesgo, no progresas. Sin disciplina, no cambias."

- Pensador anónimo

El crecimiento verdadero nunca es fácil, pero siempre es valioso. Esta frase nos enseña que el dolor, las metas, el riesgo y la disciplina son ingredientes necesarios para la transformación. Si evitamos el esfuerzo y los desafíos, no llegamos a nuestro potencial más alto. Aceptar estos elementos como parte del proceso nos permite avanzar con fuerza, superar nuestros límites y, al final, ver cómo nos convertimos en una versión más fuerte y capaz de nosotros mismos.

Es esencial entender que el dolor no significa fracaso, sino aprendizaje. Las dificultades nos enseñan lecciones que no podemos obtener de manera fácil o rápida. Las metas son lo que nos da dirección y nos motiva a seguir adelante, incluso cuando las cosas se ponen difíciles. El riesgo es necesario para salir de nuestra zona de confort y alcanzar nuevos logros, mientras que la disciplina es la clave para mantenernos enfocados y constantes en el camino hacia nuestras metas. Si en nuestra vida faltan alguno de estos componentes, nos quedamos estancados.

Para crecer y cambiar, debemos estar dispuestos a aceptar el desafío y la incomodidad como parte del proceso hacia nuestra evolución personal.

DIA 137

"Sabes que realmente amas a una persona, cuando ni siquiera la odias después de que te rompió el corazón."

- Pensador anónimo

El verdadero amor no se mide solo por los momentos felices, sino también por nuestra capacidad de perdonar y dejar ir el dolor. Cuando amamos de verdad, entendemos que las personas son humanas y cometen errores, y aunque el corazón se rompa, elegimos liberar el resentimiento.

Superar el dolor sin odio es una muestra de madurez emocional, y, aunque duela, nos permite sanar y seguir adelante sin cargar con un peso que nos impida ser felices.

Es importante practicar el perdón, no por la otra persona, sino por nuestra propia paz. El odio y el resentimiento nos anclan al pasado y nos impiden sanar.

Al elegir perdonar y liberar esos sentimientos negativos, nos damos la oportunidad de sanar más rápido y de avanzar sin que esa experiencia nos defina. Esto no significa que debamos olvidar lo que sucedió, pero sí aprender a liberarnos de los pensamientos y emociones destructivas. Aceptar la imperfección humana, tanto la nuestra como la de los demás, nos ayuda a sanar con compasión y a reconstruir nuestra vida desde el amor propio.

DIA 138

"Mi cuerpo me pide descanso, mi mente dinero, mi corazón un abrazo, pero soy un hombre así que me quedo callado y sigo avanzando."

- Pensador anónimo

Esta frase refleja esa lucha interna que todos enfrentamos cuando nuestras necesidades emocionales, físicas y mentales entran en conflicto con las expectativas sociales de "seguir adelante sin detenernos". El verdadero desafío es aprender a escuchar a nuestro cuerpo, mente y corazón sin sentir culpa por tomarnos un momento de pausa.

A veces, avanzar no significa seguir sin detenerse, sino saber cuándo es necesario tomar un descanso para cuidar de nosotros mismos y afilar la sierra. Cuando estás trabajando sin cesar, ya sea física, mental o emocionalmente, corres el riesgo de desgastarte. A menudo, las personas se enfocan tanto en sus responsabilidades, metas y tareas diarias que olvidan cuidar de sí mismas. Sin embargo, al igual que una sierra necesita ser afilada para ser más efectiva, nosotros necesitamos cuidar nuestra salud física, emocional y mental para mantener un rendimiento óptimo.

Esto implica tomarnos tiempo para descansar, reflexionar, aprender nuevas habilidades, y practicar el autocuidado. El descanso y la renovación no son solo un lujo, son una necesidad para seguir avanzando de manera efectiva en la vida, con energía, claridad y motivación.

DIA 139

"Dios sabe que las personas necesitan un héroe, gente valiente que se sacrifique, poniendo el ejemplo a todos. Todo el mundo ama a un héroe, se forman para verlos, aclamarlos, gritar su nombre, y con los años relatan cómo soportaron horas de lluvia sólo para ver al que les enseñó a resistir un segundo más. Me parece que hay un héroe en todos nosotros... Nos da fuerza, nos hace nobles, nos mantiene honestos. Y al final, nos permite morir con orgullo..."

- May Parker

May le explica a Peter, que, aunque ser un héroe no es fácil y puede ser doloroso, también tiene un propósito mayor: ser un ejemplo para los demás, inspirando valentía y fuerza en tiempos de adversidad. May le recuerda que todos necesitamos un héroe en nuestras vidas, alguien que nos enseñe a resistir, a ser valientes y a seguir adelante, incluso cuando todo parece en contra. El sacrificio, la nobleza y el coraje son los valores que realmente hacen grande a una persona.

Todos llevamos un héroe dentro, y no se trata de una capa ni de hazañas extraordinarias, sino de la capacidad de resistir, de sacrificar y de mantenernos firmes cuando más lo necesitamos. Este héroe no busca la fama ni la gloria, sino que inspira a otros simplemente con su ejemplo de valentía y honestidad. Ser un héroe no es solo una cuestión de grandes momentos, sino de cómo enfrentamos las pequeñas batallas de la vida con coraje y dignidad.

DIA 140

"A veces no queremos sanar porque el dolor es lo último que nos une con aquello que hemos perdido."

- Pensador anónimo

El dolor puede convertirse en un lazo con lo que hemos perdido, pero también en un ancla que nos impide avanzar. Aunque el dolor nos une a lo que amamos, aferrarnos a él sin soltarlo solo nos mantiene atrapados en el pasado.

Sanar requiere de valentía, de dejar ir aquello que ya no está, incluso cuando el recuerdo nos duele. Aferrarnos al pasado es como sostener una espada rota: no solo es inútil, sino que nos hace daño.

Para seguir adelante, debemos aprender a soltar y abrazar el presente, permitiéndonos sanar y crecer, dejando que lo que hemos perdido ocupe un lugar en nuestro corazón sin que defina nuestro camino.

"Dedicado a todo aquel que, por la ausencia, el dolor le parece un dulce recuerdo".

DIA 141

"Cuando un hombre siente el fin quiere saber que tuvo un propósito en la vida."

- Marco Aurelio

Marco Aurelio quien enfrenta la realidad de la mortalidad y la impermanencia de la vida recuerda que al final de nuestros días, lo único que realmente nos importará es si hemos vivido de acuerdo con un propósito significativo, y no solo en busca de placeres pasajeros o logros superficiales.

La búsqueda de propósito es inseparable al ser humano. Cuando enfrentamos nuestras limitaciones o el fin de nuestro camino, deseamos saber que nuestras acciones tuvieron un significado, que nuestras decisiones marcaron una diferencia. Marco Aurelio nos recuerda que la verdadera grandeza no radica en el éxito material, sino en vivir con un propósito claro y profundo que trascienda el tiempo.

Debemos reflexionar sobre lo que realmente nos motiva y nos llena de sentido. ¿Qué cosas hacen que nuestra vida valga la pena? ¿Cómo podemos alinear nuestras acciones con nuestros valores y principios? Al identificar lo que realmente importa para nosotros y actuar de acuerdo con eso, vivimos de manera más plena. No se trata de esperar a que llegue el fin, sino de construir una vida con propósito día a día.

DIA 142

"Has visto muchas cosas y no temes la muerte, pero algunas veces la deseas, ¿no es cierto? Eso les pasa a los hombres que han visto lo que hemos visto. Como las flores, vamos muriendo, reconocer la vida de cada sorbo de aire, de cada taza de té, de cada muerte. Ese es el camino del guerrero."

- Katagiri Katsumoto

Katsumoto, un líder samurái, habla con el capitán Nathan Algren, quien se ha enfrentado a la muerte en numerosas ocasiones. Katsumoto, quien ha vivido una vida llena de conflictos, le habla sobre cómo la muerte no es algo que temer, sino algo inevitable. Para el guerrero, la verdadera sabiduría radica en aceptar la fragilidad de la vida y vivir con un propósito profundo, aprendiendo a encontrar belleza y paz incluso en las luchas más duras.

La vida, como la flor, es efímera, pero cada momento tiene un valor inmenso. Cuando enfrentamos el sufrimiento, la pérdida y la muerte, podemos sentirnos vacíos, pero es precisamente en estos momentos cuando debemos reconocer la belleza de lo que tenemos, en cada respiro, en cada pequeño gesto. La verdadera fuerza del guerrero no está en la lucha, sino en vivir plenamente, abrazando la fragilidad de la vida.

DIA 143
"No temo al hombre que ha practicado 10.000 patadas una vez, temo al hombre que ha practicado una patada 10.000 veces."
- Bruce Lee

Esta frase es atribuida a Bruce Lee, quien es conocido no solo por sus habilidades en las artes marciales, sino también por su filosofía de vida. Con esta reflexión, Lee destaca la importancia de la práctica intencionada y la maestría. En lugar de multiplicar las tareas o habilidades, el maestro es aquel que enfoca toda su energía en perfeccionar una sola cosa.

El verdadero poder no proviene de la cantidad de cosas que intentamos hacer, sino de la dedicación y maestría con la que perfeccionamos una sola acción. La verdadera fuerza se encuentra en la práctica constante, en la perseverancia, y en la habilidad de dominar lo que hemos elegido hacer. No subestimes el poder de la disciplina y el enfoque.

Debemos entender que el éxito no llega por hacer muchas cosas de manera superficial, sino por enfocarnos en lo que realmente importa y trabajar en ello de forma constante. La especialización, la consistencia y el esfuerzo son lo que te llevará más lejos que la dispersión y la falta de enfoque.

DIA 144
"Prefiero morir como un hombre libre, antes que vivir como un esclavo..."
- Temistocles (300: Rise of an Empire)

Vivir sin ser dueño de nuestras decisiones, sin poder elegir nuestro camino, es una forma de esclavitud. Esta frase nos invita a valorar la libertad por encima de todo, incluso cuando las circunstancias parecen limitarnos, y nos recuerda que vivir auténticamente es un acto de valentía.

En este contexto, Temístocles está dispuesto a sacrificar su vida y luchar por la libertad de su pueblo en lugar de someterse a la tiranía persa. La frase refleja la esencia de la resistencia y el rechazo a la opresión, un principio clave en las luchas históricas por la autonomía y la independencia. Temístocles elige la muerte digna de un hombre libre antes que vivir bajo el yugo de otro, demostrando su valentía y su compromiso con la libertad por encima de todo.

Aunque a veces las relaciones o las circunstancias o nuestra rutina nos lleven a sentir que estamos "atados", es crucial recordar que el verdadero poder viene de elegir ser nosotros mismos, de tomar decisiones que reflejen nuestras creencias y deseos más profundos, aunque eso signifique enfrentarnos a dificultades o renunciar a algo cómodo.

DIA 145

"Vacía tu mente, libérate de las formas, como el agua. Pon agua en una botella y será la botella, ponla en una tetera y será tetera. El agua puede fluir o puede golpear. Se agua, amigo mío."

- Bruce Lee

La flexibilidad y la adaptabilidad son claves para vivir con paz y sabiduría. Al igual que el agua, que se ajusta a cualquier recipiente, nosotros también debemos aprender a liberarnos de las limitaciones mentales y emocionales que nos imponen las formas rígidas.

La verdadera fuerza está en nuestra capacidad para fluir con las circunstancias, adaptarnos y responder con serenidad.

Necesitamos entrenar nuestra mente para ser más flexible y abierta. No se trata de aferrarse a formas preestablecidas de pensar, de reaccionar o de vivir. En lugar de luchar contra lo que no podemos cambiar, debemos aprender a adaptarnos, a fluir con las situaciones, y a encontrar soluciones que nos permitan avanzar sin resistirnos a todo lo que se nos presenta. Esta actitud de "ser agua" nos permite enfrentar los retos de manera más efectiva, sin perder nuestra esencia ni quedar atrapados en la rigidez del pensamiento.

DIA 146
"No te ahogues en un vaso de agua."

- Pensador anónimo

A menudo, nos dejamos consumir por los pequeños problemas, dándoles más peso del que realmente tienen. Esta frase nos recuerda que, aunque los desafíos sean reales, no debemos dejar que nos ahoguen. La vida es demasiado valiosa para perderla en preocupaciones insignificantes. Aprende a ver las dificultades con perspectiva y a no agrandar lo que, al final, es solo una pequeña parte del panorama.

Es importante aprender a tomar distancia de los problemas pequeños. Cuando algo te preocupa, respira profundamente, haz una pausa y evalúa si realmente es algo que merezca tanto de tu energía. Pregúntate si dentro de un año, incluso un mes, te importará tanto.

En lugar de ahogarte en las preocupaciones cotidianas, enfócate en lo que realmente importa y en lo que puedes controlar. Esto te permitirá mantener la calma y actuar con claridad en lugar de sentirte abrumado por las pequeñas adversidades.

DIA 147
"Todos vamos a morir. Infelizmente no podemos elegir el modo, pero si podemos decidir cómo encarar ese final."

- Antonio Próximo (Gladiador)

Próximo, habla con él y sus compañeros gladiadores, recordándoles que la muerte es inevitable, pero que lo importante no es cómo llega, sino cómo eligen enfrentarla.

La frase refleja la filosofía de los gladiadores, que, a pesar de su destino incierto y brutal, deciden vivir y pelear con dignidad y honor.

La muerte es una realidad que no podemos evitar, pero nuestra respuesta a ella es lo que define nuestra vida. Aunque no podamos controlar cómo llegará nuestro final, sí podemos elegir cómo vivir cada día y cómo enfrentamos nuestros desafíos.

Vivir con coraje, honor y propósito nos permite afrontar cualquier adversidad, incluidos los momentos más oscuros, con dignidad.

DIA 148
"Estoy cansado de ser fuerte."

- Pensador anónimo

A veces, la vida nos exige tanto que llega un momento en que nos sentimos agotados de mantener la fortaleza. La frase "Estoy cansado de ser fuerte" expresa ese sentimiento de fatiga emocional y mental que todos experimentamos. Sin embargo, reconocer ese cansancio es un acto de valentía y humanidad. No se trata de rendirse, sino de comprender que ser fuerte no significa estar siempre impecable, sino tener el coraje de admitir nuestras vulnerabilidades. La verdadera fuerza radica en saber cuándo detenerse, respirar y recargar energías para seguir adelante.

Esta frase nos invita a ser más humanos y a reconocer que no siempre podemos llevar todo el peso del mundo sobre nuestros hombros. En la vida cotidiana, es fundamental aprender a pedir ayuda, a tomar descansos y a escuchar nuestras emociones. Ser consciente de cuándo estamos al límite nos permite cuidarnos y evitar el desgaste emocional.

Aplicar esto significa practicar el autocuidado, hacer pausas cuando lo necesitemos y rodearnos de personas que nos apoyen. Solo de esa forma, podremos seguir siendo fuertes.

DIA 149
"Lo más importante es siempre creer en uno mismo, pero una pequeña ayuda de los demás es una gran bendición."
- Iroh (Avatar: La leyenda de Aang)

Iroh es conocido por ser un mentor sabio y cariñoso. A lo largo de su vida, Iroh enseña la importancia del autoconocimiento y la fuerza interior, pero también destaca que el camino no debe recorrerse solo. A través de su relación con su sobrino, Iroh muestra cómo el amor y el apoyo de otros pueden ayudar a superar los momentos de duda y desesperación, permitiéndonos crecer y alcanzar nuestro verdadero potencial.

Creer en uno mismo es la clave para superar cualquier obstáculo que la vida nos ponga enfrente. Sin embargo, no debemos olvidar que a veces el camino se hace más ligero cuando aceptamos el apoyo de los demás. La verdadera sabiduría radica en entender que, aunque la fortaleza interior es esencial, el apoyo mutuo nos da esa chispa extra para seguir adelante.

A veces, esa pequeña ayuda de alguien más puede ser lo que nos permite creer aún más en nosotros mismos.

DIA 150
– "Dígame como murió."
– "Le diré como vivió."
- Emperador Meiji & Nathan Algren

Nathan Algren, un capitán estadounidense, es testigo de la vida y la muerte del samurái Katsumoto. En una conversación con el emperador Meiji, este le muestra que lo que importa no es cómo mueren las personas, sino cómo han vivido. La frase encapsula la esencia de los samuráis, quienes valoraban profundamente el honor, el sacrificio y la disciplina a lo largo de su vida.

La forma en que vivimos es lo que realmente define nuestra existencia, mucho más que el momento final. Esto nos recuerda que lo importante no es cómo terminamos, sino cómo elegimos vivir cada día.

La verdadera medida de una vida no está en el final, sino en las acciones, decisiones y valores que cultivamos a lo largo de ella. Vivir con propósito y honor es lo que deja una huella duradera en el mundo, mucho más allá de nuestra última despedida.

DIA 151
"Hay dos clases de dolor. Dolor que hiere y dolor que cambia."
- Robert Mcall (El Justiciero 2)

McCall, un hombre que busca redención, ve el dolor no como un obstáculo, sino como una oportunidad para cambiar y luchar por lo que es correcto. La frase destaca la capacidad humana para superar el sufrimiento, eligiendo que este nos impulse a un futuro más fuerte y con propósito.

El dolor es inevitable, pero no todo dolor es igual. Hay uno que nos hace sentir derrotados, que nos paraliza, y otro que, aunque intenso, tiene el poder de transformarnos. El dolor que cambia nos desafía a crecer, a aprender y a encontrar nuestra fuerza interna. En lugar de ver el dolor solo como sufrimiento, podemos verlo como una oportunidad para evolucionar y fortalecer nuestro carácter.

No es fácil, pero cuando abrazamos este tipo de dolor, nos damos la oportunidad de convertirnos en una versión más resiliente y sabia de nosotros mismos.

"En realidad, la gente necesita tocar fondo para cambiar"

– Fiódor Dostoyevski

DIA 152
"Todo lo que se necesita es un mal día para convertir al hombre más cuerdo del mundo en un lunático."
- Joker (Batman: The Dark Knight)

El Joker, quien fue una víctima de la sociedad y las circunstancias, refleja cómo el caos y el sufrimiento pueden hacer que incluso la persona más racional y equilibrada pierda el control. La frase subraya cómo el dolor, el aislamiento o las experiencias traumáticas pueden afectar la salud mental de cualquier persona, independientemente de su estabilidad.

A veces, todo lo que se necesita es un solo día difícil, una sola experiencia que nos saque de nuestro equilibrio, para ponernos a prueba y mostrar el límite de nuestra resistencia.

La frase del Joker nos recuerda lo frágiles que somos como seres humanos, y cómo los eventos inesperados pueden alterar nuestro sentido de la cordura. Sin embargo, esta vulnerabilidad no debe asustarnos, sino que debe hacernos más conscientes de la importancia de cuidar nuestra salud mental y emocional, y de ser compasivos con los demás, porque nadie sabe realmente lo que otro está viviendo.

DIA 153

"Felicidades. Todavía estás vivo. La mayoría de la gente es tan desagradecida de estar viva. Pero no tú. Ya no."

- Jigsaw

A veces, la vida nos presenta desafíos tan grandes que olvidamos el valor fundamental de simplemente estar vivos. La frase de Jigsaw nos sacude para que apreciemos lo que tenemos: la oportunidad de seguir adelante.

Aunque la vida puede ser difícil, cada día que vivimos es un regalo, y cada respiración es una razón para agradecer. No se trata de esperar la perfección o la ausencia de problemas, sino de valorar el simple hecho de que tenemos la posibilidad de cambiar, crecer y seguir luchando.

Esta frase nos invita a reflexionar sobre la gratitud y la importancia de reconocer lo que realmente importa. A menudo, estamos tan enfocados en lo que nos falta o lo que no hemos alcanzado, que olvidamos apreciar lo que ya tenemos. Practicar la gratitud diaria es una forma práctica de aplicar esta reflexión a nuestra vida. Dedicar unos minutos cada día para agradecer por lo que tenemos, por las personas que nos rodean y por la oportunidad de seguir adelante, puede ayudarnos a cambiar nuestra perspectiva y a encontrar fuerza incluso en los momentos más difíciles.

DIA 154

"Es importante adquirir el conocimiento de diferentes pensamientos, opiniones y puntos de vista. Si lo haces desde uno solo, te vuelves rígido y tedioso. Si entiendes al resto, serás alguien completo."

- Iroh (Avatar: La leyenda de Aang)

La riqueza de nuestra vida no reside solo en nuestras propias creencias, sino en la capacidad de abrirnos a diferentes pensamientos y perspectivas. Al adoptar una mentalidad flexible y aprender de aquellos que piensan de manera diferente, nos volvemos más completos, más empáticos y más sabios.

El verdadero crecimiento ocurre cuando no nos cerramos a lo que no entendemos, sino que buscamos comprender el mundo a través de los ojos de otros. Es solo entonces cuando logramos una visión más amplia y enriquecida de la vida.

Es fundamental buscar la diversidad de opiniones y aprender a respetar las diferencias, ya que nos ayuda a ser más adaptables y completos como individuos.

DIA 155

"Los árboles dejan caer sus hojas en otoño, quizá para recordarnos que soltar no significa perder, sino prepararse para volver a florecer."

- Pensador anónimo

Al igual que los árboles sueltan sus hojas en otoño sin temor, nosotros también debemos aprender a soltar lo que ya no nos sirve: ideas, miedos, relaciones o hábitos que nos pesan. Soltar no es perder, es hacer espacio para un nuevo crecimiento.

Así como el árbol, al dejar ir lo viejo, se prepara para renovarse y florecer nuevamente, nosotros también debemos confiar en que, al liberarnos de lo que nos limita, estamos dándonos la oportunidad de evolucionar y alcanzar nuevas alturas.

No se trata de perder, sino de hacer espacio para el crecimiento y la renovación. Es clave reconocer que, cuanto más tiempo te quedes aferrado a lo que te frena, más difícil será avanzar, como en la metáfora del tren equivocado: "Cuanto más tiempo te quedes en el tren equivocado, más caro será el viaje de regreso a casa".

La transformación lleva tiempo, pero cada paso que des en la dirección correcta te acerca más a tu propósito y a tu verdadera paz.

DIA 156
"Tengo la teoría de que cuando uno llora, nunca llora por lo que llora, sino por todas las cosas por las que no lloró en su debido momento."

- Mario Benedetti

A veces, nuestras lágrimas no solo son por el dolor que sentimos en el presente, sino por todo lo que hemos guardado dentro durante mucho tiempo. Las emociones no expresadas se acumulan, y cuando finalmente estallan, es como si estuviéramos llorando por todas las veces que no nos permitimos ser vulnerables y honestos con nosotros mismos. La verdadera liberación está en aprender a sentir, a soltar lo que nos pesa, sin esperar a que sea demasiado tarde.

Es importante darte permiso para sentir en el momento adecuado. No guardes lo que te duele o lo que te afecta; expresar tus emociones te ayuda a liberarte. Si sientes que algo te pesa, no esperes a que sea demasiado tarde para confrontarlo. Practica la autoaceptación, reconociendo que está bien llorar y que cada emoción es válida, somos humanos, lo importante es seguir adelante. Al soltar lo que has estado guardando, crearás un espacio para la paz y para poder avanzar.

DIA 157
"Así como hay cosas que pasan por algo, hay cosas que por algo no pasan."

- Pensador anónimo

La vida está llena de momentos en los que deseamos que algo ocurra, pero cuando no sucede, a veces nos sentimos frustrados o desilusionados. Sin embargo, el hecho de que ciertas cosas no se den en el momento que esperábamos puede ser una bendición disfrazada.

Quizás no es el momento adecuado, o algo mejor está por llegar. Debemos confiar en el flujo natural de la vida, entender que algunas puertas que no se abren son una señal de que hay algo más grande esperando por nosotros.

Lo que no sucede por algo, a veces es el camino hacia algo aún más significativo.

DIA 158

"Nunca debes rendirte a la desesperación. Si te permites ir por ese camino, te rendirás a tus instintos más bajos. En tiempos oscuros, la esperanza es algo que te das a ti mismo. Ese es el significado de la verdadera fuerza interior."

- Iroh (Avatar: La leyenda de Aang)

En los momentos más oscuros de la vida, cuando la desesperación parece tomar el control, debemos recordar que la verdadera fuerza está en elegir no rendirnos. La esperanza no siempre llega de manera externa, sino que la creamos dentro de nosotros mismos.

Es fácil enfocarse en lo negativo, pero cuando buscamos la luz, incluso en medio de la oscuridad, encontramos la fuerza para seguir adelante.

La forma en que elegimos ver el mundo define nuestro camino. Si nos centramos en la luz, aunque pequeña, será suficiente para guiarnos, mientras que, si nos quedamos en la oscuridad, esa será nuestra realidad. La clave está en elegir la esperanza y la perspectiva positiva, porque eso nos da el poder de superar cualquier adversidad.

"Si buscas la luz, a menudo podrás encontrarla... pero si buscas la oscuridad, es todo lo que verás siempre".

DIA 159
"No arruines el presente llorando por un pasado que ya no tiene futuro."

- Pensador anónimo

El pasado es un capítulo que ya ha sido escrito y no podemos cambiarlo. Lamentarnos por lo que ya fue solo nos impide vivir plenamente el presente. Cada día que pasamos aferrados a lo que ya no tiene futuro, estamos robándonos la oportunidad de disfrutar de lo que está frente a nosotros.

La verdadera sabiduría está en soltar lo que nos duele y aprender a vivir con gratitud por lo que tenemos ahora.

No dejes que los fantasmas del ayer empañen la belleza del hoy, porque cada momento es una nueva oportunidad para escribir una historia diferente.

Si sientes que el pasado te sigue persiguiendo, permítete cerrar ese capítulo con aceptación, sabiendo que el presente es lo único que realmente importa. Deja ir lo que te pesa y abre espacio para nuevas experiencias y aprendizajes. Tu felicidad depende de lo que elijas hacer con el presente, no con lo que ya se fue.

DIA 160
"Recojan rosas mientras puedan."

- John Keating

Carpe Diem = Vive el momento.

La vida es efímera y el tiempo, imparable. "Recojan rosas mientras puedan" nos recuerda que, si no aprovechamos el presente, corremos el riesgo de dejar pasar las oportunidades que jamás volverán.

El concepto de "Carpe Diem" es más que un lema, es una invitación a vivir plenamente, a no postergar nuestros sueños ni nuestros sentimientos. Cada momento es un regalo, y la conciencia de que todo es temporal nos impulsa a exprimir la vida al máximo. En lugar de quedarnos atrapados en el miedo o las dudas, debemos tomar acción hoy, con valentía y pasión, porque no sabemos cuántas oportunidades tendremos mañana.

Tempus Fugit = El tiempo vuela.

El tiempo se nos escapa mientras nos distraemos con mil asuntos y preocupaciones. Debemos reflexionar sobre lo efímera que es nuestra existencia y la importancia de disfrutar el camino, sin llegar al final sin haber vivido plenamente. Cada día es una oportunidad, así que pon lo mejor de ti en cada acción. Aprovecha cada oportunidad que se cruce en tu camino, recuerda que la verdadera riqueza está en vivir intensamente el presente, porque ese es el único momento que verdaderamente tenemos.

DIA 161

"No te vayas a rendir, es momento de vivir, el sol siempre volverá a salir."

- Sake de Binks (One Piece)

A veces la vida se pone gris y no importa cuánto lo intentes, parece que todo duele, que todo pesa. Sientes que el mundo sigue, pero tú te detuviste. Y justo ahí, en ese punto donde las lágrimas ya no avisan, donde el alma calla... ahí es donde más importa no rendirse.

Porque, aunque no lo creas, el sol nunca se va del todo. A veces se esconde solo para que valores su regreso. La noche no es enemiga, es solo el descanso antes del renacer. No te vayas a rendir. No ahora. No hoy. Quizás tu historia aún no ha mostrado su mejor capítulo. Quizás alguien, en silencio, te admira sin que lo sepas. Quizás tu sonrisa, esa que aún no llega, salve el día de alguien más.

Vivir no siempre es fácil, pero siempre vale la pena. Porque mientras sigas respirando, hay esperanza. Y mientras haya esperanza, todavía puede salir el sol... incluso dentro de ti. Levántate, aunque no tengas fuerzas, aunque sea solo para abrir la ventana y dejar que entre un poco de luz.

Haz una cosa pequeña cada día que te acerque a lo que sueñas, aunque sea solo imaginarlo. Permítete sentir, pero no te encierres en el dolor.

Llora si lo necesitas, pero luego lávate la cara y sigue. Recuerda: incluso las tormentas más fuertes no han evitado que el sol vuelva a salir. Y tú también vas a volver.

DIA 162
"¿Por qué a las personas malas les va bien?"

- Pensador anónimo

Una pregunta que duele en el pecho como una herida sin cerrar. Y sí, parece injusto. Ver cómo quienes lastiman, mienten o engañan logran avanzar como si el mundo los empujara mientras tú, que das lo mejor de ti, tropiezas con piedras.

Pero la vida no siempre es justa a corto plazo... El éxito que nace del ego, del abuso, del daño, es como una casa sin cimientos: tarde o temprano se cae. Porque lo que construyes con oscuridad, acaba devorándote por dentro. El alma lo sabe. El alma nunca se engaña.

No te compares con ellos. Porque, aunque parezca que el mundo premia lo cruel, en lo profundo, lo noble siempre florece. Y cuando lo hace... ilumina todo. Sigue siendo tú, aunque el mundo no te aplauda. Porque la paz que sienten los que actúan con amor... no se compra con dinero, ni se mide con fama. No estás perdiendo. Estás sembrando.

Deja de buscar justicia a tus propios ojos. Concéntrate en construir tu propio camino, aunque nadie lo note todavía. Haz el bien sin esperar aplausos; la vida siempre encuentra cómo devolvértelo. Evita la comparación: tu valor no se mide por la velocidad de otros, sino por la verdad con la que caminas.

DIA 163
"Despierto sin ganas de otro día y será el último [...] Ya estoy muerto por dentro y estoy cansado, estoy harto de vivir huyendo siempre del pasado."

- Porta (Cantante)

Hay días en los que el alma se rompe en silencio. Días en que abrir los ojos ya es una batalla, y respirar parece más una obligación que un regalo. Sentirse muerto por dentro... no es debilidad, es cansancio. Es llevar un peso que nadie ve, pero que duele como si lo gritaras a diario.

Y sí, a veces uno huye del pasado como si fuera un monstruo que nunca duerme. Pero por mucho que corras, el dolor te sigue si no te sientas a escucharlo. Porque el pasado no se olvida huyendo, se sana enfrentándolo con lágrimas, con abrazos, con tiempo, con fuerza... y con verdad.

No estás solo, aunque así se sienta. Estás cansado, sí... pero también estás vivo. Y mientras estés vivo, aún puedes reconstruirte. No te rindas justo cuando estás por empezar a entender tu fuerza. No te sueltes justo cuando por fin reconoces que sentir no te hace débil, te hace humano. Nadie tiene todas las respuestas. Pero créeme, incluso los corazones rotos pueden volver a latir con fuerza. A veces, todo lo que necesitas es que alguien te diga: aún puedes seguir... y vales la pena, incluso en tus días más oscuros.

DIA 164

"No puedo seguir preguntándome si soy feliz, porque solo me hace más infeliz. No sé si creo en la verdadera felicidad."
- Diane (BoJack Horseman)

A veces, preguntarse si uno es feliz es como tratar de atrapar el viento con las manos: mientras más lo intentas, más se escapa. Y llega un punto en el que la pregunta ya no busca respuestas, solo duele. Porque cuando la vida se vuelve una constante búsqueda de felicidad, se nos olvida vivir.

Tal vez la verdadera felicidad no es ese estado brillante y perfecto que todos pintan. Tal vez es más pequeña, más humilde, más parecida a un abrazo sin palabras o a una tarde sin ansiedad. Quizás no se trata de encontrarla, sino de dejar de correr tras ella.

Porque en el fondo, lo que más calma no es saber si somos felices... sino saber que, a pesar de todo, seguimos aquí.

Que hay instantes que valen, aunque duren segundos.

Deja de perseguir la felicidad como si fuera una meta; empieza a notarla en los pequeños detalles.

No midas tu vida por cómo te sientes todo el tiempo, sino por cómo sigues caminando a pesar de lo que sientes.

DIA 165
"No se trata de olvidarla, se trata de recordar quién eres sin ella."
- Pensador anónimo

Amar no siempre significa quedarse. A veces, amar también es soltar. Y cuando se va, cuando ya no está, el silencio que deja es tan fuerte que por momentos nos confunde.

Entonces, ¿quién eres sin ella? Esa es la pregunta que más duele... pero también la que más te salva. Porque antes de ella, ya eras alguien. Tal vez alguien con sueños, con luz propia, con caminos que no dependían de nadie más. Y aunque hoy te sientas vacío, no estás perdido... solo estás recordando el camino de regreso a ti.

Volver a ti no es traicionar lo que sentiste. Es honrarlo... y seguir. Porque si ella fue parte de tu historia, tú sigues siendo el autor. Y aún quedan páginas por escribir. Páginas donde ya no la esperas, pero tampoco te niegas a sentir. Páginas donde descubres que tu soledad no es castigo, es espacio para florecer.

No intentes borrar los recuerdos; deja que hablen, pero no los dejes decidir por ti. Haz las paces con el vacío; es el lugar donde vuelve a crecer tu voz. Recuerda lo que te hacía sonreír antes de que ella llegara, y vuelve ahí poco a poco. Escribe, camina, respira profundo... vuelve a ti, aunque no sepas por dónde. No busques reemplazarla, busca reconstruirte. Y cuando duela, recuérdate esto: no estás empezando de cero, estás regresando a casa.

DIA 166
"No llores porque se terminó, sonríe porque sucedió."
- Gabriel García Márquez

A veces nos duele decir adiós a lo que nos hacía sentir vivos. Y es normal... llorar no es debilidad, es prueba de que algo nos tocó profundo, que algo o alguien nos hizo feliz en su momento.

Pero entre la tristeza, también hay espacio para la gratitud. Porque no todo lo que acaba es pérdida... a veces, es un regalo. Un regalo que ya no está, pero que te dejó distinto. Te dejó más humano, más sabio, más tú. Entonces no llores solo porque se terminó... sonríe porque lo viviste. Porque hubo un "algo" que te hizo temblar el alma, aunque ahora ya no esté.

La vida no se mide por lo que dura, sino por lo que deja.

Y si dejó huella, si te cambió, si te hizo sentir, aunque fuera por un instante... ya valió la pena.

Permítete llorar, pero no vivas en la despedida.
Recuerda lo vivido sin aferrarte a que vuelva.
No borres los recuerdos, abraza lo que aprendiste.
Haz espacio para lo nuevo, sin olvidar lo que te formó.
Agradece lo que fue, incluso si dolió al irse.

Y cada vez que mires hacia atrás, que sea para sonreír... no por lo que perdiste, sino por lo afortunado que fuiste de haberlo tenido.

DIA 167
"Los milagros existen para aquellas personas que jamás se rinden."

- Ivankov (One Piece)

Los milagros no siempre caen del cielo... a veces nacen del suelo, donde más duele, donde ya nadie cree que algo florezca. Aparecen en el último aliento, cuando estás por rendirte y decides intentarlo una vez más, solo una más...

Ahí es donde ocurre la magia. Porque no es suerte. Es resistencia. Es llorar por las noches y aún así levantarte. Es seguir cuando todo dice "no". Es creer, aunque el corazón esté hecho pedazos. Quien no se rinde, aunque tiemble, aunque sangren los pasos... termina encontrando lo que otros dejaron de buscar. Y no importa cuán imposible parezca, hay un instante —pequeño, pero eterno— donde todo cambia. Y eso, eso es un milagro. No porque sea inexplicable... sino porque lo hiciste posible con tu fe, tu lucha, tu alma intacta.

No esperes que el milagro llegue perfecto, llegará en forma de oportunidad, de persona, de nuevo comienzo.
Resiste un poco más, incluso si ya no puedes... a veces el milagro llega justo cuando pensabas que todo estaba perdido.

Haz del dolor tu maestro, no tu prisión. Cree en ti cuando nadie más lo haga.

DIA 168
"Te di todo lo que tenía."

- Arthur Morgan

"Te di todo lo que tenía" ... esas no son palabras que se dicen al pasar. Son el eco final de un corazón que ya no puede más, pero que lo entregó todo.

Arthur Morgan no muere vacío... muere agotado de amar a quienes no supieron cuidarlo. Muere sabiendo que se partió en mil para sostener a los suyos, incluso cuando ya nadie lo hacía por él. Esa frase es un grito suave, una despedida sin rencor, pero con la tristeza infinita de quien lo dio todo... y aún así no fue suficiente.

Arthur, en Red Dead Redemption 2, no solo fue un forajido. Fue un hombre que aprendió tarde a amar con honestidad, que entendió —al borde del fin— que a veces los buenos también mueren sin aplausos, pero con dignidad.

Y en ese "te di todo lo que tenía", no hay orgullo... hay dolor. Hay amor. Hay una entrega tan humana que rompe el alma. Porque darlo todo no siempre garantiza que se queden. Pero aún así... vale. Vale porque fuiste real, porque viviste con sentido, porque no te guardaste lo mejor de ti por miedo a perder. Entregarlo todo no te hace débil, te hace valiente... pero cuida también de ti y aprende a quién dar. Vive con verdad que, incluso si no hay un "gracias", tú sepas que lo diste todo... y eso, en este mundo roto, ya es una forma de eternidad.

DIA 169
"El amanecer más brillante suele venir después de la noche más oscura."

- Pensador anónimo

Esta frase no es solo poesía. Es verdad. Y lo es especialmente para ti... que no sabes cómo pagar el mes, que ves tus cuentas como monstruos que crecen mientras tú te sientes cada vez más pequeño.

Tú, que perdiste el trabajo, que te levantas con miedo y te acuestas con angustia. Tú, que ya no sabes si se trata de vivir o solo de sobrevivir. Esta oscuridad que vives, esta que nadie más nota cuando sonríes para no preocupar, no es tu final. Es una noche larga, sí... pero no eterna.

Y aunque ahora todo parezca cuesta arriba, te prometo algo: el dolor no es tu identidad. Es una etapa. Y pasa. Hay amaneceres que no llegan de golpe, llegan con pequeños cambios: un "sí" que no esperabas, una persona que te tiende la mano, una idea que sembraste sin saber y que un día florece. Y mientras esperas esa luz, recuerda esto: tú vales más que tus cuentas. Tu dignidad no está en tu empleo. Tu futuro no está escrito aún. A veces tocar fondo no es el final, sino el lugar exacto desde donde se empieza a construir algo nuevo.

Y ese nuevo tú, más sabio, más fuerte, más humilde... brillará más que nunca.

DIA 170
"No es tu culpa."

- Sean Maguire

Tan pocas palabras. Tan inmenso el peso que liberan.

Cuando Sean Maguire le dice esto a Will Hunting en Mente Indomable, no se lo dice a su mente brillante. Se lo dice a su niño roto. A ese niño golpeado, abandonado, humillado, que aprendió a defenderse hiriendo antes que ser herido.

Sean, que también vivió el dolor, lo mira a los ojos no como terapeuta, sino como un ser humano que comprende que el pasado puede doler tanto... que uno se culpa para no desmoronarse. Y Will —genio, rebelde, herido— al principio se ríe. Pero, cuando escucha esas palabras una y otra vez, su corazón se quiebra. Porque en el fondo, llevaba años esperando que alguien lo abrazara con compasión... y no con juicio.

Y ahí está el alma de esta frase... en cada persona que fue abandonada, traicionada, ignorada... y que terminó creyendo que algo en ella estaba mal.

No es tu culpa...

No es tu culpa que te hirieran cuando confiabas.
No es tu culpa que tus padres no supieran amarte.
No es tu culpa que la vida fuera injusta.
No es tu culpa lo que te rompió.
Tú mereces ser libre de lo que nunca elegiste cargar.

DIA 171
"No tienes enemigos, nadie tiene enemigos."
- Thors (Vinland Saga)

Thors no le habla solo a su hijo, Thorfinn... Nos habla a todos los que alguna vez hemos sentido odio, rencor, sed de venganza. A todos los que alguna vez confundimos dolor con justicia, rabia con fuerza.

Cuando Thorfinn toma el cuchillo, es solo un niño cargando un corazón confundido. Cree que la muerte de sus "enemigos" es la única forma de encontrar paz. Pero su padre, que ha caminado por la guerra, que ha matado y sobrevivido, lo mira con ternura y firmeza... y le dice esa frase que parece imposible de aceptar: "No tienes enemigos."

Thors no niega el peligro. No es ingenuo. Él sabe que hay hombres que quieren destruirlo, pero también sabe algo más: no puedes encontrar paz cuando tu alma se alimenta del odio. Porque el verdadero enemigo no está afuera. Está dentro, es el odio que consume, la venganza que envenena, la rabia que nos convierte en lo mismo que juramos combatir. Y Thors elige un camino distinto: el del que protege sin perder su compasión. El que pelea sin manchar su corazón. Y esa es su mayor lección, que la verdadera fuerza no está en destruir al otro, sino en no dejar que el otro te destruya por dentro.

Deja de alimentar rencores. No porque el otro lo merezca, sino porque tú mereces paz.

DIA 172
"¡Intenté encontrarte! ¡Dios, yo lo intenté! [...] No sé qué hacer."
- Dominic Santiago (Gears of War)

Esa frase no es un grito. Es un susurro que lleva años rompiéndose por dentro. Es Dom mirando a los ojos al amor de su vida, y al mismo tiempo al abismo de su impotencia. Es la confesión de un hombre que lo dio todo... y aun así, no fue suficiente.

Dom habla desde la pérdida. Desde esa herida que no se ve, pero que sangra todos los días. Habla por todos los que han amado con el alma rota. Por los que buscaron hasta el final y no hallaron lo que más anhelaban.

Su voz temblorosa no pide perdón: solo quiere que alguien le diga que intentarlo valió la pena. Porque el amor, cuando es real, no siempre vence. A veces llega tarde. A veces se va antes. Pero eso no lo hace menos sagrado. A veces, amar también es saber soltar. A veces, el último acto de amor... es liberar del dolor. Y en ese instante, cuando Dom elige acabar con el sufrimiento de María, no se rinde. Se despide. Se parte en pedazos para que ella descanse.

Y en esa destrucción hay algo inmenso: humanidad. Porque el amor verdadero no se aferra con fuerza... se honra con compasión.

Dom nos recuerda que el amor puede terminar con una despedida.

Y a veces, ese adiós... es el acto más hermoso de todos.

DIA 173
"Si la muerte se sentara junto a ti y te dijera que tienes 7 días de vida ¿Qué harías?"
- Pensador anónimo

Si la muerte se sentara junto a ti, sin ruido, sin sombra, solo con la verdad entre las manos... y te dijera: "tienes siete días", ¿seguirías posponiendo las cosas? ¿Seguirías callando los "te quiero" que te queman en la garganta? ¿Seguirías odiando tu reflejo o ignorando los amaneceres? Siete días. Siete latidos eternos. No más promesas a futuro, no más excusas. Solo tú, el tiempo y lo que decides hacer con él.

La muerte, tan temida, a veces solo viene a recordarnos lo que estamos dejando morir: los sueños que postergamos, las personas que amamos de lejos, las palabras que nos tragamos por miedo. A veces, la muerte no llega para quitarnos algo... sino para despertarnos. Porque la vida no se mide en años, se mide en instantes que de verdad vivimos. Y siete días pueden ser todo, si dejas que el alma los habite.

Ama como si no hubiera después, porque algún día no lo habrá. Llama a quien extrañas, aunque el orgullo tiemble. Haz eso que te asusta, que te vibra, que te llama. Deja de vivir a medias por miedo a fracasar. Recuerda que estás de paso... y justo por eso, cada paso importa. No esperes a que la muerte te diga que el reloj corre; ya lo sabes... ¿qué vas a hacer con eso?

DIA 174
"Tienes la fuerza de tu grandeza. Pero tienes que tomar el timón y decidir tu propio curso. ¡Síguelo! No importa que duela."
- John Silver (El Planeta del Tesoro)

Hay un momento en la vida en que ya no basta con soñar, hay que decidir. Y ese instante, ese que John Silver le regala a Jim, no es solo un consejo... es un legado. Porque Silver ve en Jim al niño que él mismo dejó atrás, pero también al hombre que aún puede elegir quién quiere ser.

Cuando le dice "toma el timón", no habla de barcos. Habla de su vida. De hacerse responsable del rumbo, aunque el mar esté bravo. De no seguir los mapas de otros, sino trazar el tuyo, aunque tiemble la brújula. De doler y avanzar. De perder para encontrarte. Porque la grandeza no es no fallar. La grandeza es elegir levantarte. Es atreverte a vivir una vida tan tuya, que incluso si duele... valga la pena.

Deja de esperar a que el viento te lleve: elige hacia dónde vas. El dolor no es señal de que estás mal, a veces es la señal de que estás creciendo. No todos los que te rodean entenderán tu rumbo, y eso está bien. Tienes el poder de cambiar tu historia, pero solo si tomas el timón con las dos manos. Cree en ti, incluso cuando creas que no tienes razones, porque a veces el camino aparece solo cuando empiezas a andar.

DIA 175
"Buscas perderte en la soledad y alejarte de todo, pero aún así esperas ansioso ser encontrado."

- Pensador anónimo

Te vas lejos, te encierras en el silencio, finges que estás bien... pero por dentro gritas, con una voz tan muda que apenas tú puedes oírla. No es contradicción. Es humano.

Porque a veces queremos desaparecer solo para ver si alguien nota que no estamos. Queremos la soledad, pero anhelamos una mano que atraviese esa bruma espesa y diga: "aquí estoy, no tienes que cargar esto solo."

Perderse no es rendirse. Es una pausa, un suspiro, un intento desesperado por encontrarse. Y en ese rincón donde duele, en esa oscuridad que no compartes, vive tu necesidad más profunda: ser visto, ser abrazado, ser entendido sin tener que explicarte.

No te aísles tanto que te olvides del camino de regreso. Permítete sentir, pero también permítete ser encontrado. No rechaces la mano que llega cuando estás en el fondo; a veces es justo lo que pediste en silencio.

Buscarte a ti mismo está bien, pero recuerda que sanar también es permitir que alguien te acompañe en el trayecto.

DIA 176

"La victoria y la derrota, huir y llorar... son las cosas que te convierten en hombre. Está bien llorar, pero tienes que superarlo."

- Akagami Shanks (One Piece)

A veces creemos que ser fuerte es no caer y no llorar. Pero Shanks, en esa escena con Luffy, no le habla a un pirata... le habla a un niño con el corazón roto por no poder salvar a su hermano. Le habla como quien alguna vez también cayó, como quien supo lo que era perder.

Y entre sus palabras, le dice a Luffy, y a todos nosotros: "Está bien llorar. Está bien sentir que no puedes." Porque la victoria no se forja solo con espadas. A veces nace en el suelo, en medio de la derrota, cuando aprietas los dientes entre lágrimas y decides levantarte.

La verdadera fuerza no es la que niega el dolor, sino la que lo abraza y aún así, sigue caminando. Llorar no te quita valor, te recuerda que estás vivo. Huir no te hace cobarde, te enseña a elegir tus batallas. Ser humano no es ser perfecto. Es sentir profundamente. Es caer de rodillas y aún así, guardar en el pecho una pequeña chispa de fe.

No midas tu valor por cuántas veces ganaste, sino por cuántas veces te atreviste a seguir. Superar no significa olvidar, significa no quedarte estancado. Recuerda que cada herida bien vivida, es una lección que te lleva más cerca de la persona que estás destinada a ser.

DIA 177

"Somos más fantasmas que personas."

- Arthur Morgan

Arthur Morgan no dice esa frase con rabia. La dice con la voz quebrada de quien ha vivido demasiado, de quien ha perdido tanto que ya no sabe si lo que queda... es vida o solo memoria.

En ese momento, Arthur ya no es un forajido. Es un hombre que ha visto cómo el mundo cambia sin él, cómo los sueños se apagan, cómo la gente se vuelve sombra. Y tal vez tú también te sientas así a veces: como si caminaras por la vida sin que nadie te mire, como si hablaras y nadie escuchara, como si estuvieras, pero no del todo. La vida tiene esa forma cruel de convertirnos en fantasmas... cuando el pasado pesa más que el presente, cuando el dolor no encuentra salida, cuando los errores nos visitan más seguido que las sonrisas. Pero incluso los fantasmas pueden volver a sentirse vivos. Incluso cuando todo parece perdido, todavía hay algo que rescatar.

Porque mientras quede un suspiro de bondad, mientras quede una persona a la que proteger, una verdad por la que luchar, entonces aún no estás muerto. Arthur muere, sí... pero muere intentando ser un hombre mejor. Y eso, eso lo hace más humano que nunca.

Haz las paces con tus errores, pero no vivas en ellos. Recuerda que no necesitas tener todo resuelto para ser digno de amor y redención.

DIA 178

"Quiero volver a tener miedo a la oscuridad y a los payasos. Estoy cansado de tenerle miedo al futuro, a no tener trabajo y dinero."
- Pensador anónimo

Estas palabras son una forma honesta de decir: "Estoy cansado." Porque cuando uno dice eso, no está hablando de monstruos de caricatura, sino de los que se esconden en la incertidumbre, en la cuenta vacía, en el currículum que nadie responde, en el estómago que no se llena solo con esperanzas.

Es el grito silencioso de alguien que extraña los miedos inocentes, porque ahora le teme al vacío de la nevera, a no poder pagar la renta, a sentirse inútil en un mundo que te exige sin darte tregua. Pero escucha esto: No estás solo. No eres menos por sentirte roto, cansado o perdido.

Tenerle miedo al futuro no es señal de debilidad, es señal de que eres humano, es el resultado de tanto pelear por sobrevivir. Y aún así, estás aquí. Respirando. Agarrándote con uñas y corazón al último hilo de fe. Eso, mi querido lector, también es una forma de valentía. Porque volverás a tener trabajo. Volverás a dormir tranquilo. Volverás a ver la oscuridad solo como el descanso antes del amanecer. Pero por ahora, permite que tus lágrimas limpien la herida... y después, levántate.

DIA 179
"¿Yo era el débil? [...] No sé ni por qué muerdo."
- Chief (Isla de Perros)

A veces, cuando más lastimamos, es porque más nos duele. Chief no sabe por qué muerde... como muchos no saben por qué se aíslan, por qué levantan muros, por qué se vuelven duros con el mundo... o con ellos mismos.

Quizás no sea debilidad. Quizás sea miedo disfrazado de fuerza. O cansancio disfrazado de rabia. O una vida entera sin saber cómo pedir ayuda.

Esta frase no es de un perro. Es de cualquiera que ha sentido que su forma de protegerse se convirtió en su jaula. De quienes aprendieron a morder antes que confiar. Y sin embargo, llega un momento en el que te das cuenta... que lo que más necesitas no es pelear, sino sanar. No seguir huyendo, sino volver a ti. Y en ese instante, cuando dejas de morder... descubres que nunca fuiste débil. Solo eras alguien que, como todos, estaba aprendiendo a dejar de temerle al amor.

Es valiente quien, a pesar del miedo, decide dejar de morder y empieza a confiar. Cambia el instinto por la conciencia: no repitas heridas, transfórmalas. Porque mereces una vida donde tus manos abracen más de lo que se cierran. Y tu corazón no tenga que esconderse detrás de "mordidas" para sentirse fuerte.

DIA 180
"Si tomas el tren equivocado bájate en la primera estación... porque cuanto más tardes, más caro será el viaje de regreso."
- Pensador anónimo

A veces, lo sabes. Lo sientes en el pecho como una alerta muda... Estás en el vagón equivocado.

La "ciudad" hacia dónde vas no huele a sueños, ni a calma, ni a ti. Pero te quedas. Por miedo, por costumbre, por no incomodar. Por esa absurda idea de que ya invertiste demasiado como para bajarte ahora. Te convences de que tal vez, más adelante, el paisaje cambie... aunque cada kilómetro te aleje más de lo que realmente querías.

Hay trenes que parecen seguros, pero van directo hacia una versión de ti donde ya no sonríes. Y nadie —absolutamente nadie— debería vivir así. No por amor, no por trabajo, no por miedo al "qué dirán". Bájate. Aunque duela. Aunque tengas que caminar un buen tramo solo. Aunque tengas que perder el boleto que tanto costó. Porque el precio de quedarte donde no eres feliz... es siempre más alto que el de volver a empezar.

La vida es corta para viajes que no te llevan a ti.

Siempre puedes bajarte, tomar aire, y elegir un nuevo destino...

DIA 181

"El amor proporciona el valor de todo en el mundo. Sin amor... el oro, la plata, los caballos y las mujeres... todo es inútil."
- Sacerdote Willibald (Vinland Saga)

Qué vacía puede ser la vida cuando está llena de todo... menos de amor. Puedes tener el reloj más caro, pero si no hay nadie esperándote, ¿de qué sirve la hora? Puedes conquistar el mundo, pero si no tienes a quién contárselo, ¿de qué sirve la gloria?

Lo que da valor a las cosas no es el precio, sino el amor con el que se comparten. Un café caliente sabe mejor si lo tomas con alguien que te escucha. Un techo es más hogar si lo habitas con personas que te cuidan. Y una vida vale más si en cada paso hay cariño, aunque no haya lujos.

Willibald no habla solo como un sacerdote. Habla como un hombre que ha visto a muchos perderlo todo persiguiendo lo que no importa, y a otros tenerlo todo al descubrir que el amor —no el oro— era el verdadero tesoro. Porque sin amor, todo lo que brilla se oxida... Pero con amor, incluso lo que está roto... florece.

Valora lo que no se puede comprar: un abrazo sincero, una risa compartida, una conversación. Recuerda que lo esencial no hace ruido, pero llena el alma. Y cuando tengas dudas sobre qué camino seguir, elige el que tenga más amor, no más oro.

DIA 182

"La culminación del amor es el dolor, y aún así amamos, a pesar de lo inevitable. Abrimos nuestros corazones a ello."

- Faye (God Of War)

Amar es un acto de valentía silenciosa. Porque el amor —el real, el que no finge— viene siempre con una promesa escondida: algún día dolerá. Dolerá porque perderemos, porque el tiempo no espera, porque la vida cambia, porque los adioses llegan sin pedir permiso.

Y sin embargo... amamos. Amamos sabiendo que al final habrá lágrimas. Amamos aunque seamos vulnerables, aunque entreguemos lo más frágil que tenemos: el alma. Y lo hacemos porque sabemos que amar, incluso con dolor, es mil veces más bello que vivir sin sentir nada.

Faye no habla desde la resignación, sino desde la profundidad de quien ha vivido, amado y perdido. Y aún así, no se arrepiente. Porque el amor, incluso en su final más amargo, nos demuestra que estuvimos vivos. Que nuestro corazón latió por alguien. Y que ese latido, aunque hoy duela, fue el sonido más humano que existió. Amar duele. Pero no amar... te mata en vida.

No cierres tu corazón por miedo, ábrelo por coraje. Valora los momentos, incluso los que terminan, porque son la prueba de que estuviste presente, de que fuiste humano.

DIA 183

"No hay público al que impresionar. No hay gente a la que complacer. No hay aplausos que perseguir. Hazlo por ti y deja de comparar tu viaje con el de los demás."

- Pensador anónimo

A veces vivimos como si estuviéramos sobre un escenario invisible, creyendo que tenemos que aplaudir sonrisas falsas, lograr metas que no son nuestras, y caminar en zapatos que no nos quedan... solo para agradar a otros.

Pero llega un momento —silencioso y crudo— en que te cansas. Cansado de correr carreras que no elegiste. De buscar la validación de un público que a veces ni te ve. De mirar a todos lados, menos a ti.

Y entonces entiendes que la vida no es una competencia, ni una obra de teatro, ni una vitrina de logros que colgar en redes sociales. La vida es ese instante íntimo donde tú te preguntas: ¿soy feliz con esto? No ellos, no los otros. ¿Yo? Porque el viaje es tuyo. La historia es tuya. Las lágrimas, los tropiezos, los pequeños triunfos que nadie ve... también son tuyos. Y eso basta. Hazlo por ti. Por tu niño interior que soñaba sin límites. Por tu yo cansado que ya no quiere fingir. Hazlo por la paz de llegar a casa, mirarte al espejo, y sentirte orgulloso sin necesidad de aplausos.

DIA 184

"¿Nunca te sientes solo? Jamás te das un gusto. Jamás sales. Todo lo que haces es entrenar y entrenar [...] Es ridículo, no estas disfrutando de tu juventud para nada."

- Noriko Hayashi (Ashita no Joe)

Lo que Noriko no entiende —y muchos tampoco— es que no todos necesitan lo mismo para sentirse vivos. Joe no entrena porque esté huyendo del mundo. Joe entrena porque es su forma de abrazarlo. Porque cada golpe, cada caída, cada campanada... lo devuelve a sí mismo.

El boxeo no es una obligación, ni una cadena. Es su forma de respirar. Sí, tal vez no sale a fiestas, no baila en salones ruidosos ni camina de la mano con alguien por las calles iluminadas... Pero cuando está en el ring, aunque sea por un instante fugaz, se siente completo. Saciado. Vivo. Para Joe, el boxeo está en su sangre. Y cuando pelea, se consume como una llama brillante. Y al final, solo quedan cenizas... las cenizas de sus angustias. Porque en ese corto lapso donde lo da todo, se libera.

Tal vez Joe sí disfruta su juventud, pero a su manera. Como lo hacen muchas personas, porque han encontrado eso que les da propósito... y eso, para ellos, es felicidad. Y eso está bien. Porque vivir no es cumplir un manual. No es seguir las reglas de cómo debe verse la juventud. Vivir es encontrar lo que te sacia, aunque otros no lo entiendan. Lo único que importa es que al final del día, al mirarte al espejo, sientas que estás viviendo con el corazón.

DIA 185
"Para qué sirve pensar en lo que fuimos si ya no somos."

- Mario Benedetti

A veces nos aferramos al recuerdo de un amor que ya no vive, como si recordar fuera suficiente para revivir lo que ya no late. Como si mirar atrás nos diera la ilusión de que aún estamos allí, en ese lugar donde las miradas eran hogar y los silencios no dolían. Pero no estamos. Ya no somos.

Pensar en lo que fuimos puede doler más que aceptar lo que ya no somos. Porque los recuerdos no cambian las despedidas, ni devuelven lo que se fue. Y es difícil entenderlo cuando el corazón sigue buscando entre las ruinas algo que parezca intacto. Pero tal vez, solo tal vez, no se trata de olvidar... sino de soltar sin odiar. De agradecer sin esperar. De dejar ir, sin dejar de amar, aunque ya no sea como antes.

Recuerda con ternura, no con cadenas. Acepta que el amor cambia, que a veces termina... y eso también está bien. No te quedes a vivir en lo que ya no existe. Ámate lo suficiente para cerrar un capítulo sin arrancar las páginas.

El pasado fue un lugar hermoso, pero la vida... sigue escribiéndose en el presente.

DIA 186
"No pienses en lo que has perdido, lo perdido no se puede recuperar. ¿Qué es lo que tienes todavía?"

- Jimbe (One Piece)

Perder duele. Duele tanto que a veces creemos que no vamos a volver a respirar igual. Que ningún nuevo día será suficiente. Que no habrá abrazo que nos consuele. Y entonces nos quedamos ahí... parados frente a lo que ya no está, con el alma temblando y la mirada fija en el vacío.

Pero... ¿y si levantamos la cabeza? ¿Y si miramos lo que sí está? A veces, en medio del naufragio, olvidamos que aún tenemos manos para nadar. Que aún hay soles por salir y caminos por andar. Que, aunque alguien o algo se haya ido, nosotros... todavía estamos aquí.

Jimbe, con su historia de pérdidas, con la guerra tatuada en la memoria, no lo dice para que ignores tu dolor. Lo dice porque sabe que si te aferras solo a lo que perdiste... te hundes. Y tú no viniste al mundo a hundirte. Viniste a amar, a construir, a perder... y a volver a amar. Porque a veces – aunque no lo parezca– lo que queda todavía puede salvarte.

Agradece lo que tienes sin dejar de honrar lo que perdiste. Permítete llorar... pero no dejes que el llanto te impida ver el sol. Porque a veces, lo que aún tienes... es justo lo que necesitas para volver a empezar.

DIA 187
"La intención no importa, solo las consecuencias."
- Kratos (God Of War: Ragnarok)

A veces herimos sin querer... Y eso, quizá, duele más. Porque no hay maldad, pero sí hay daño. Porque uno se queda con el corazón partido, repitiéndose mil veces "no fue mi intención" ... mientras el mundo, allá afuera, ya cambió por lo que hicimos.

Kratos no dice esto con frialdad, lo dice con amor. Con esa dureza que tienen los que ya han sufrido demasiado. Lo dice porque sabe que, aunque no queramos, el bien y el mal no se miden solo en lo que sentimos, sino en lo que provocamos. Que madurar no es dejar de equivocarse, sino hacerse responsable. Cargar con nuestras acciones no como castigo... sino como memoria. Como aprendizaje.

Y Atreus... Atreus representa a muchos de nosotros. Quienes intentamos hacerlo bien, pero tropezamos. Quienes actuamos con prisa o sin pensar, y luego deseamos que el tiempo nos dé una segunda oportunidad. A veces lo hace... pero otras no. Y aún así, seguimos.

Porque la culpa no debe ser una prisión, sino un faro.

Porque cada error que recordamos... puede ser la promesa de no repetirlo.

DIA 188

"Solía creer que con darlo todo era suficiente, hasta que lo di todo y no alcanzó."

- Pensador anónimo

Hay algo que nadie nos dice cuando empezamos a amar, a soñar, a construir algo con el alma: que a veces, ni darlo todo basta. Y no es culpa tuya. No es que no fueras suficiente. Es que hay veces en que amar no alcanza, en que el esfuerzo no compensa, en que por más que te vacíes, la otra persona, la vida, el momento... simplemente no recibe.

Duele. Duele como si te rompieras desde adentro. Porque no duele solo lo que perdiste, duele darte cuenta que lo diste todo y no alcanzó. Pero también hay belleza en eso. Porque el hecho de que no alcanzara no hace que lo que diste valga menos. Al contrario, habla de tu capacidad de entrega, de lo mucho que creíste, de lo humano que eres. Y ser humano, al fin y al cabo, es amar sabiendo que nada está garantizado. Es dar, aunque te hayan herido. Es creer, aunque ya te hayan fallado.

No te culpes por no haber sido suficiente; el amor no siempre depende de cuánto das. Da lo mejor de ti, pero no al punto de romperte. Aprende a reconocer cuándo algo no te está recibiendo con las mismas manos que tú estás dando. Saber retirarse también es una forma de amor propio.

DIA 189

"Ya no es como cuando tenía 5 años... ya no puedo sentarme todas las noches a preguntarle a mi mamá ¿Cuándo va a venir papá?... Ya no lo necesito."

- Will Smith (El príncipe del rap)

Hay heridas que no sangran, pero duelen cada cumpleaños olvidado, cada logro sin aplauso, cada abrazo que se quedó esperando en la puerta.

Hay niños que aprenden a crecer sin permiso... a golpes de soledad, a fuerza de silencios. Will no solo habla de su papá. Habla por todos los que han tenido que llenar vacíos con coraje, que aprendieron a afeitarse solos, a reírse con el alma rota, a convertirse en hombres o mujeres fuertes sin una figura que los guiara. Dice que no lo necesita. Y quizás tiene razón. Porque a veces, lo que más duele no es la ausencia... sino tener que convencerse de que esa ausencia ya no importa. Pero esa rabia, ese llanto que guardamos detrás de la sonrisa... también es amor. Amor que no fue recibido. Amor que no fue correspondido. Y ahí está la parte más humana: llorar no es debilidad, es señal de que aún sentimos. De que, aunque dijimos "ya no me duele" ... todavía hay una parte que se pregunta: ¿Por qué no me quiso?

Llora lo que tengas que llorar, pero no te encadenes al abandono. No eres lo que te faltó. Eres lo que elegiste construir con eso. Perdona, aunque no olvides. Abraza a los que sí estuvieron. Tú serás el amor que no recibiste.

DIA 190
"He decidido que ya no tendré lágrimas por el pasado. Solo miraré al frente, al futuro, y a la vida que todos tenemos por delante."
- Spike Spiegel (Cowboy Bebop)

Hay personas que no lloran porque no puedan... Sino porque ya lloraron demasiado. Spike Spiegel no es solo un cazarrecompensas solitario. Es un hombre con un pasado que duele más que cualquier bala. Perdió un amor, perdió amigos, perdió parte de sí mismo. Y sin embargo, un día se detuvo... y en medio del humo, la música, y las heridas no contadas, decidió mirar hacia adelante.

¿Y sabes qué?

Eso no significa que el pasado deje de doler. Significa que uno se cansa de vivir anclado a los fantasmas. Y es ahí, justo ahí, cuando se da el primer paso real hacia la paz. Porque a veces el acto más valiente no es luchar... es soltar.

Deja de revivir lo que no puedes cambiar. El pasado no necesita tus lágrimas. Cada vez que te quedas atrapado en lo que fue, te alejas de lo que aún puede ser. No todo se supera llorando... a veces se supera caminando. Camina hacia adelante, incluso si tiemblan tus pasos. Y recuerda: el futuro también puede ser hermoso, si te das permiso de volver a mirar.

DIA 191

"Todo debe llegar a su fin, el gotero finalmente para [...] No hay otro lado, esto es todo."

- Herb Kazzaz (Bojack Hoserman)

Hay finales que no suenan como un portazo... sino como un suspiro. Como el último latido de una canción que no supimos que era la última. Herb lo entendió: no hay créditos al final, no hay "continuará". Solo esto. Solo aquí. Solo ahora.

Bojack, como muchos de nosotros, quiso aferrarse a la idea de algo más. De una segunda oportunidad. De que, quizás, lo roto se arregla después. Pero Herb, lo mira con calma... y le dice: "no, esto es todo." Y eso no es desesperanza. Es verdad. Cruda, serena, necesaria. Y si esto es todo... entonces ¿por qué vivir a medias? ¿Por qué guardar palabras? ¿Por qué postergar abrazos, besos, perdones? ¿Por qué desperdiciar el tiempo como si tuviéramos repuestos?

No esperes a perder para valorar. Ama hoy. Agradece hoy. Cambia hoy. Haz las paces contigo antes de que el silencio lo haga por ti. Perdona, incluso si no piden perdón. No por ellos, por ti. Haz algo que te haga sentir vivo cada día, aunque sea pequeño. Un paseo, una canción, una charla sin pantallas. BoJack aprendió demasiado tarde que los finales no siempre tienen sentido, pero tú aún estás a tiempo de escribir un presente que no te duela recordar.

DIA 192

"Jehová es mi Pastor. Nada me faltará. En prados cubiertos de hierba me hace reposar; Aunque ande en el valle de profunda oscuridad, no temeré ningún mal, porque tú estás conmigo; tu vara y tu bastón me dan seguridad."

- Rey David (Salmos 23:1,2,4)

A veces la vida se siente como un camino largo, con cuestas empinadas, piedras filosas y noches donde no se ve ni la propia sombra. Pero aun en ese andar, hay un consuelo: Dios camina contigo. No porque todo sea fácil. No porque no haya pérdidas. Sino porque su presencia suaviza las heridas, ilumina las dudas, y te abraza incluso cuando nadie más lo hace.

Dios no es una idea lejana ni un juez en las nubes. Es ese susurro cuando sientes que vas a caer. Es el descanso en medio del caos. Es esa fe que te hace levantarte cuando el alma está rota.

Y aunque no creas en Dios, puede que creas en algo: en ti, en el amor, en la vida, o en esa voz que no sabes de dónde viene, pero siempre aparece cuando más la necesitas. "El valle de sombra" es una metáfora perfecta de los días oscuros, de las pérdidas, del miedo, del vacío. Todos pasamos por ahí. Y todos queremos sentir que algo nos cuida, que hay sentido en seguir adelante, incluso cuando duele. Necesitas creer que todavía hay algo adelante que vale la pena. Un día más. Una oportunidad más. Una sonrisa que aún no conoces.

DIA 193

"Deja salir todo. Todo ese coraje, la tristeza y ese miedo. Todo lo que guardes en tu corazón tienes que dejarlo ir. Hijo, todo parte de ahí."

- Shikaku Nara (Naruto)

Hay dolores que no gritan... se quedan callados, escondidos en algún rincón del pecho, haciéndose más pesados con cada día que pasa. Rabias que no se dicen. Lutos que se posponen. Lágrimas que se disfrazan de sonrisas.

Pero llega un momento —y siempre llega— donde el corazón ya no puede sostener tanta carga. Se rompe. Y en ese quiebre no hay debilidad, hay humanidad. Eso fue lo que entendió Shikamaru cuando su padre, con esa voz tranquila pero firme, le dijo: "Deja salir todo". Porque el dolor no desaparece guardándolo, se transforma soltándolo. Se transforma en paz, en claridad, en perdón... y a veces, en un simple suspiro que por fin se atreve a salir.

Llorar no te hace menos fuerte. Gritar no te hace menos sabio. Aceptar que duele no te quita lo valiente. Al contrario, dejar salir lo que te oprime es el primer paso para volver a respirar sin que duela tanto. Y sí... todo parte de ahí. De dejar de cargar lo que ya no cabe. Porque al final, solo sanamos cuando nos permitimos sentir. Y solo seguimos adelante cuando entendemos que guardar no siempre es cuidar... a veces, es destruirnos en silencio.

DIA 194
"Sentí que me miraba con amor, un amor que seguramente me inventé yo."
- Mario Benedetti

A veces no duele que se vayan. Duele más darnos cuenta de que nunca estuvieron realmente.

Duele que el brillo en sus ojos no era por nosotros. De que la sonrisa que nos dio no tenía promesa. Solo fue una mueca del momento. Y uno — ingenuo e iluso— se inventa historias con los silencios de alguien más. ¿A cuántas personas les dimos un lugar en nuestra alma sin que siquiera tocaran la puerta? ¿Cuántas veces confundimos cortesía con cariño? ¿Cuántas veces construimos castillos con ladrillos que nadie nos dio?

Porque a veces, lo que creemos que sentimos, no es amor... Es solo la necesidad inmensa de ser amados. Y no está mal. Pero tarde o temprano, uno despierta. Y ese despertar... también debe ser amor. Amor propio.

A veces el corazón se adelanta. Aprende a perdonarlo. Deja de buscar el amor en los ojos que no te miran. El amor no se ruega, se siente... y se queda. Si tienes que inventar señales, quizás ya sabes la respuesta. Y si te rompiste por un amor que solo existió en tu cabeza... recógelo, perdona y suelta... eso también te hizo crecer.

DIA 195
"Debes estar orgulloso de ti por las batallas silenciosas que has librado, de los momentos en que has caído pero te has levantado una vez más. Eres más fuerte de lo que crees, eres un guerrero."
- Pensador anónimo

Nadie ve las noches que lloraste en silencio, mordiéndote el alma para no despertar a nadie. Nadie escuchó tus pensamientos cuando todo parecía caerse. Nadie aplaudió cuando decidiste levantarte otra vez... y otra... y otra. Pero lo hiciste. Y eso te convierte en un guerrero.

Porque ser fuerte no significa no caer. Es caer... y aún así seguir. Es despertarte con el corazón roto y de todos modos tender tu cama. Es abrazarte tú solo cuando nadie más lo hace. Es luchar sin testigos, sin aplausos, sin medallas. Y eso, aunque nadie lo vea, vale oro.

No te minimices. No te compares. Tú sabes todo lo que has cargado para llegar hasta aquí. Y aunque a veces sientas que no avanzas, mírate: ya sobreviviste todo lo que pensabas que te iba a destruir. Eres más fuerte de lo que crees. Eres más valiente de lo que dices. Y sí... aunque estés cansado, sigues aquí. Y eso... también es una forma de victoria.

DIA 196

"¿Cómo piensas vivir tu vida, Thorfinn? No te quedes en un lugar tan aburrido como este para siempre. Vete lejos de aquí [...] Conviértete en un verdadero guerrero."

- Askeladd (Vinland Saga)

Thorfinn vivió tantos años persiguiendo a Askeladd que, cuando este último murió a manos de otra persona, se quedó con un abismo en el pecho. Y entonces llegó esta pregunta: ¿Y ahora qué?

Y esa es la misma pregunta que a veces nos rompe a nosotros también. Cuando termina una relación. Cuando alguien que amábamos se va. Cuando un sueño muere o se cumple. Cuando ya no sabemos por qué seguir. Pero justo ahí... en ese silencio que queda cuando todo se cae... es donde empieza tu vida de verdad.

Porque vivir solo por el pasado no es vivir. Así que, si hoy estás en un lugar oscuro, si todo te pesa o si sientes que no sabes a dónde ir... muévete. No por huir, sino por elegirte. Vete lejos de ese lugar que te marchita. Camina. Tropieza. Cambia. No por lo que perdiste, sino por todo lo que todavía puedes ser.

Y recuerda: ser un verdadero guerrero no se trata de pelear afuera... sino de encontrar la paz por dentro.

Tú decides qué historia vas a contar con tu vida. Haz que valga. Haz que sane. Haz que te lleve lejos de lo que te rompe... y cerca de lo que te hace vivir de verdad.

DIA 197

"Podemos cambiar. ¿Quién yo fui, no es quien tú serás? Debemos ser mejores."

- Kratos (God Of War: Ragnarok)

Hay cadenas que no se ven, pero pesan. Herencias de dolor, de errores, de silencios guardados generación tras generación. A veces, lo que heredamos no son solo apellidos... son miedos, culpas y formas de amar que también hieren.

Kratos lo entendió. Después de una vida de guerras, de sangre en las manos y vacío en el alma, miró a su hijo y decidió que no repetiría la historia. Y ese es uno de los actos más valientes que existen: romper el ciclo. Porque claro que duele aceptar que fallamos. Pero duele más no intentar hacerlo diferente.

Hay algo profundamente humano en mirar a los ojos a alguien que viene detrás y decirle: "no seas como yo, sé mejor." No como castigo... sino como esperanza. Como una promesa de que el dolor que vivimos no será en vano si lo convertimos en amor. Y tú también puedes. Aunque te hayas equivocado, aunque tu pasado pese, aunque pienses que ya es tarde... no lo es. Nunca es tarde para ser el primero de tu linaje en sanar.

Tú no eres tú pasado. Ni tus errores. Eres lo que eliges hacer con ellos.

DIA 198

"Si murieras ahora ¿cómo te sentirías acerca de tu vida? [...] Deja de tratar de controlar todo y ya déjalo ir."

- Tyler Durden (El Club de la Pelea)

Vivimos con el calendario en una mano y el miedo en la otra. Planeamos cada paso, cada palabra, como si eso fuera a salvarnos del caos. Pero, ¿y si el verdadero desastre es nunca haber vivido? Porque sí... puedes tener todo bajo control y aún así estar vacío. Puedes tener una agenda perfecta, una cuenta llena y una vida que no sientes tuya. Y entonces llega la pregunta: si murieras hoy... ¿te irías en paz o con la garganta apretada de todo lo que no dijiste, no hiciste, no amaste?

Tyler no te está empujando al abismo. Te está diciendo: suelta. Suelta el miedo a fracasar, a ser juzgado, a no ser suficiente. Porque en esa libertad cruda está la vida de verdad. La que duele, la que rompe, la que ama con cicatrices. Y si vas a irte algún día —que irás— que sea sin remordimientos en el alma por haberte quedado quieto.

Suelta lo que no puedes controlar. Es peso muerto que solo te roba espacio para vivir. Haz esa llamada. Escribe esa carta. Da ese paso. A veces, el mañana no llega. No esperes a tenerlo todo resuelto para empezar a vivir. Nadie lo tiene. Agradece más. Ama más. Controla menos. Vive con la intensidad de quien sabe que nada está garantizado.

DIA 199
"Estoy triste y me río. El concierto está lleno, pero yo estoy vacío."
- René/Residente

No hay peor soledad que la que se siente cuando estás acompañado. Cuando el ruido de afuera no logra silenciar el eco que traes por dentro. Puedes estar rodeado de luces, de gente, de ruido, de aplausos... y aún así sentirte como un cuarto sin ventanas.

El vacío no siempre se nota por fuera. A veces se disfraza de sonrisa, de chiste, de éxito. Y entonces ríes. Porque llorar enfrente de todos, da miedo. Porque el mundo espera que estés bien. Porque no sabes cómo decir que estás triste... aunque todo esté "bien". Pero eres humano. No estás roto por sentirte solo. Lo que te rompe es fingir que no lo estás. Pero mereces más que fingir. Mereces ser escuchado, sostenido, abrazado de verdad. No solo por otros... también por ti.

Deja de fingir que estás bien solo para que nadie se preocupe. Tu verdad también merece espacio. Aprende a decir "no estoy bien" sin sentir culpa. Rodéate de personas que no solo te inviten a fiestas, sino que también estén dispuestas a sentarse contigo en silencio cuando lo necesites. No confundas llenar tu agenda con llenar tu alma. Busca ayuda si la necesitas. Hablar también es sanar.

No hay vergüenza en sentirse solo.

DIA 200
"Aceptamos el amor que creemos merecer."
- Stephen Chbosky (Las Ventajas de ser Invisible)

A veces el alma se acostumbra tanto al frío, que cuando llega el sol... nos parece extraño. Nos volvemos expertos en construir jaulas con los hilos que otros dejaron rotos. Aprendemos a llamarle cariño al silencio, y compañía a lo que solo pesa. Nos convencemos de que lo poco es suficiente... porque creemos que nosotros también lo somos.

Pero tú no estás roto. Estás creciendo. Mereces un amor que no te haga dudar si vales. Que no te deje leyendo entre líneas ni esperando respuestas a preguntas que nunca debiste hacerte. Mereces un amor que te abrace sin condiciones, que te vea con los ojos que tú aún no te atreves a usar frente al espejo. Mereces uno que te cuide como tú cuidas a todos, incluso cuando tú mismo te olvidas.

No te conformes con lo que te hace sentir menos. No normalices el amor a medias. Ámate lo suficiente como para cerrar puertas donde solo te dejan esperando. Aprende a verte como verías a quien más quieres: con paciencia, con ternura, con orgullo. No aceptes menos de lo que das... y empieza por dártelo tú. Porque cuando cambias la forma en que te miras, también cambia el tipo de amor que estás dispuesto a recibir.

DIA 201
"Has cambiado mucho Thorfinn. La ira de tus ojos ha desaparecido. Me alegra."
- Leif Ericson (Vinland Saga)

Thorfinn fue un niño arrancado de su infancia, un alma que creció entre espadas, buscando justicia con violencia, confundiendo la fuerza con el rencor... como tantos lo hacemos. Porque a veces, cuando la herida está abierta, creemos que el único camino es el de devolver el golpe.

Pero llega un día en que ya no quieres ganar la pelea... solo quieres paz. Y entender eso no es rendirse, es despertar. No todos pueden matar al monstruo sin volverse uno. Porque lo fácil es seguir odiando y caer en el rencor, lo difícil es perdonar y avanzar. Lo verdaderamente valiente es vivir con propósito. Cambiar, aunque duela. Sanar, aunque tarde. Y cuando alguien, como Leif, te mira y nota que en tus ojos ya no hay ira, sino calma... es ahí donde empieza la verdadera victoria.

No sigas viviendo desde el dolor si puedes elegir la paz. Deja de alimentar el rencor, porque solo retrasa tu libertad. Cambiar no es traicionarte, es encontrarte. Deja de sobrevivir para empezar a vivir. No te olvides que estás a tiempo, siempre. Aunque tu historia tenga sangre o errores, aún puedes escribir un final distinto. Uno donde lo más valiente no sea pelear, sino sanar.

DIA 202
"Si pudieras viajar un año atrás, ¿Qué hubieras hecho diferente?"
- Pensador anónimo

Si pudieras viajar un año atrás... tal vez te abrazarías más. Tal vez apagarías el teléfono para mirar de frente a quien hoy ya no está. Tal vez no habrías dejado escapar ese "te quiero" por miedo o por orgullo. Tal vez hubieras llorado sin sentirte débil, o gritado sin sentirte culpable. Tal vez habrías sido un poco más tú y un poco menos lo que los demás esperaban.

Pero no puedes. Y ahí está la herida, pero también la esperanza.

No puedes ir un año atrás, pero puedes no desperdiciar el año que tienes ahora. Porque la vida no se detiene a preguntarte si ya estás listo, si ya aprendiste, si ya entendiste. Solo pasa, y te invita −sin promesas− a vivirla con más conciencia, con más valor, con más amor.

Entonces hoy, no te detengas tanto en lo que hubieras cambiado. Mejor pregúntate: ¿Qué puedo hacer distinto desde ahora? Tal vez aún estás a tiempo de pedir perdón. De empezar ese proyecto. De recuperar tu paz. De cuidar tu cuerpo, tu mente, tu gente. De enamorarte sin miedo. De volver a ti.

La vida no siempre da segundas oportunidades. Pero sí da otra mañana. Y con eso, a veces, basta para cambiarlo todo.

DIA 203
"¿Soy feliz? ¿Qué es lo que realmente me hace feliz?"
- Pensador anónimo

A veces la pregunta más difícil no es "¿qué quiero?", sino "¿soy feliz con lo que ya tengo?". Y es en ese silencio —donde nadie nos aplaude, donde no hay filtros, donde no hay testigos— donde de pronto, sin aviso, se asoma el vacío. Nos vemos en el espejo con una sonrisa prestada y un cansancio que no sabemos de dónde viene.

Hacemos lo que se espera, caminamos donde hay camino, reímos para no llorar... y seguimos. Pero hay una parte dentro que pregunta bajito, como si le diera miedo molestar: ¿y si esto no es todo? ¿y si me estoy perdiendo a mí mismo tratando de encajar? La felicidad no siempre es esa explosión de fuegos artificiales que nos venden. A veces es solo un domingo tranquilo. Un abrazo sincero. Dormir sin culpa. Sentirte en paz cuando apagas la luz. Está bien no saber qué es la felicidad. Está bien sentirse perdido. Lo valiente no es tener todas las respuestas, lo valiente es sentarse contigo mismo y no huir de las preguntas. A veces, para empezar a ser feliz, no hay que hacer más... hay que soltar más. Dejar de cumplir con todo, y empezar a cumplirte a ti. Escuchar lo que tu corazón pide, no lo que la gente grita. Y entender que no es egoísmo buscar tu paz... es necesidad.

DIA 204
"Cuando estoy en mis momentos más oscuros, cuando el peso del miedo, de las dudas o de las deudas me aplasta... ¿qué es lo que me hace seguir adelante?"
- Pensador anónimo

Hay noches en donde todo pesa. El futuro es incierto. El cuerpo cansa. La mente grita. Y el alma... el alma solo quiere un descanso, un silencio que no duela.

Y, sin embargo, sigues. Te levantas. Aunque sea tarde. Aunque sea lento. Aunque te tiemblen las piernas y te arda el pecho. Sigues. ¿Por qué? Tal vez ni tú lo sepas. Tal vez haya algo —una mirada, un abrazo que aún recuerdas, una promesa que no te diste permiso de olvidar— que te empuja cuando ya no quedan fuerzas. A veces es un sueño, un "yo puedo" que aún respira bajito dentro de ti, aunque todo parezca perdido. A veces es alguien a quien amas más que a ti mismo. O una fe que no entiendes, pero que te sostiene como si supiera que un día vas a entenderlo todo.

Eso que te levanta cuando todo dentro quiere rendirse... ese susurro que te dice "no te detengas"... eso es tu ancla, tu faro, tu raíz. Respira. Busca dentro. No fuerces respuestas, pero tampoco huyas de las preguntas. Identifica eso —por mínimo que parezca— que siempre ha estado ahí cuando el mundo se derrumba. Abrázalo. Escríbelo. Cuídalo. Deja que te recuerde por qué empezaste. Y cada vez que quieras rendirte, míralo de nuevo.

DIA 205
"Nunca encontraras a la misma persona dos veces, ni siquiera en la misma persona."

- Pensador anónimo

Hay despedidas que no se dicen. A veces la persona se queda, pero la versión de ella que tú amabas... ya se fue.

Porque las personas cambian. Porque tú cambias. Porque el tiempo no es neutral y las heridas no se cierran sin dejar marcas. A veces sonríe igual, te llama igual, se sienta a tu lado... pero ya no es la misma. Y lo más duro es que tú tampoco. Es duro entender que nunca volverás a encontrar a esa persona como la recordabas, ni siquiera en ella misma. Porque los momentos no se repiten, se transforman. Y el amor, cuando no se cuida, se convierte en eco. En algo que suena como antes... pero ya no es.

Entonces toca soltar. A veces soltar no es perder a alguien, es aceptar que ya no es la misma, que tú tampoco lo eres, y que eso también es parte de crecer. No todo lo que cambia se rompe. Pero tampoco todo lo que queda, permanece igual. Y eso duele, claro que duele. Porque a veces uno no extraña a la persona, sino a la versión de ella que solo existía contigo.

Agradece lo que fue, sin aferrarte a que vuelva a ser igual. Mira a las personas con ojos nuevos cada día, sin exigirles que sean quienes fueron ayer. Cuida lo que tienes, pero si cambia, no te reproches... abrázalo desde lo nuevo.

DIA 206
"A veces no sabemos el valor de un momento hasta que es un recuerdo."

- Pensador anónimo

Hay días que parecen comunes, conversaciones que parecen pequeñas, abrazos que damos sin pensarlo... y sin darnos cuenta, se están convirtiendo en los recuerdos más valiosos de nuestras vidas.

Uno nunca sabe cuándo es la última vez. La última vez que te reíste sin preocupaciones, que caminaste con alguien de la mano, que viste a ese ser querido con los ojos brillando. Y es que el corazón no marca fechas, solo siente. Y muchas veces, solo entiende lo importante cuando ya es tarde.

Quizá hoy estás apurado, frustrado, cansado. Pero en medio de todo eso, alguien te sonrió, alguien te escuchó, alguien estuvo. Y eso, aunque ahora no lo notes... un día lo vas a extrañar. Un día vas a cerrar los ojos y desear regresar a este instante al que hoy no le diste importancia.

Por eso, detente un momento. Mira a tu alrededor. Agradece lo simple. Siente más. Ama más.

Haz que lo que hoy vives no se convierta solo en un "ojalá lo hubiera disfrutado más". Hoy puede parecer nada, pero un día será todo.

DIA 207
"No sé si pueda hacerlo. Algunas veces parece que nada tiene sentido [...] No sé qué hacer."

- Rock Lee (Naruto)

Te puedes sentir: quebrado, perdido, cansado. A veces te va a doler más el alma que el cuerpo, y te vas a preguntar si todo este esfuerzo sirve de algo, si todo lo que sueñas vale tanto como para seguir sufriendo. Pero justo en ese instante... es donde comienza la verdadera fuerza.

Porque ser fuerte no es no tener dudas. Ser fuerte es seguir, aun cuando las tengas. Ser fuerte no es ganar siempre. Es no dejar de intentarlo, incluso cuando pierdes. Es caer con las rodillas rotas, pero levantarte con el corazón intacto. Rock Lee no tenía talento, pero tenía decisión. No brillaba como los demás, pero ardía por dentro. Y su maestro, en vez de decirle lo que quería oír, le dijo la verdad más cruda: que todo el esfuerzo del mundo no sirve si no crees en ti. Porque los sueños no se cumplen por magia, se construyen con cicatrices.

No se trata de ser el mejor, se trata de ser el más fiel a ti mismo. De abrazar tu camino, con miedo y todo. De no dejar que el dolor te borre la esperanza. Porque la fe en uno mismo no es arrogancia, es amor propio cuando todo parece en contra.

No te traiciones. Sé leal a tu sueño, a tu esfuerzo, y a ese niño dentro de ti que alguna vez creyó.

DIA 208

"Dices que no hay esperanza, pero pones una alarma cada noche cuando ni siquiera está prometido el mañana."

- Pensador anónimo

Esa alarma que suena cada mañana no es solo para despertarte... es una confesión silenciosa de que, en el fondo, aún crees. Aunque digas que ya no puedes más, aunque el pecho te pese y la mirada te tiemble... hay una parte tuya que sigue confiando. Que espera. Que sueña. Una parte que quiere volver a empezar, aunque el mundo te haya tratado como si ya estuvieras vencido.

Decir que no hay esperanza y, aun así, prepararte para un mañana... es la forma más humana de seguir resistiendo. Porque seguir, cuando no ves sentido, es el acto de fe más valiente que existe. Es como sembrar en tierra seca solo porque crees, de alguna forma, que algún día va a llover.

A veces no necesitas un plan, ni respuestas. Solo necesitas reconocer esa pequeña llama que no se apaga. Esa que se enciende cuando haces un café en silencio, cuando abrazas sin palabras, cuando miras al cielo con lágrimas en los ojos y, aun así, decides quedarte.

Confía en esa parte de ti que, aunque rota, se sigue levantando. Deja de decirte que estás perdido, si cada día das un paso más. La esperanza no siempre grita... a veces susurra. Si aún estás aquí, es porque tienes algo por lo que vale la pena seguir. Aunque no lo veas ahora...

DIA 209
"¿Cómo puedes odiar el viento por tirar las cosas cuando fuiste tú el que dejó la ventana abierta?"
- Pensador anónimo

Queremos que la vida sea justa, pero muchas veces somos injustos con nosotros mismos, negándonos a ver nuestras decisiones, nuestras omisiones, nuestras pequeñas renuncias disfrazadas de paciencia.

El dolor llega, sí... pero no siempre llega solo. A veces lo invitamos, sin darnos cuenta, con cada "no pasa nada", con cada "así soy yo", con cada "ya cambiará". Pero la verdad —la dura y al mismo tiempo liberadora verdad— es que no podemos controlar el viento, pero sí podemos decidir qué ventanas abrir, a quién dejar entrar y qué no permitir que se repita.

Asume tu parte. Reconoce que no todo lo que duele vino del mundo afuera. Aprende a cuidar tus espacios, tus límites, tus elecciones. No vivas con las ventanas abiertas si no estás listo para lo que pueda entrar. Cierra lo que te daña, abre lo que te haga bien. Y si algo se cae, no maldigas el viento: levántate, recoge los pedazos y decide con más sabiduría la próxima vez. Porque crecer... también es aprender a cerrar ventanas a tiempo.

DIA 210
"Madre... lo siento por todo."
- Thorfinn Karlsefni (Vinland Saga)

No importa cuán lejos hayas caminado, cuántas guerras hayas librado o cuánto odio hayas llevado a cuestas... al final, el corazón siempre busca volver a casa. Y a veces, esa casa es una mirada que te perdona sin preguntarte nada, unos brazos que tiemblan de emoción y no de reproche, una voz que con solo decir tu nombre te recuerda quién eras antes de que la vida te rompiera.

Decir "lo siento" duele. Pero sanar, duele más si no lo dices. Thorfinn lloró por todo lo que vivió y lloró por lo que su madre tuvo que soportar mientras él no estaba. Lloró porque se dio cuenta de que, en medio de su guerra interna, olvidó que había alguien esperando su regreso con el alma rota, pero intacta. A veces el perdón más poderoso no viene de palabras... viene del silencio entre dos personas que ya no necesitan explicarse nada, solo abrazarse fuerte y entender que, a pesar de todo, el amor sobrevivió.

Llama a quien te ama, arrepiéntete con humildad, no con vergüenza. No esperes a que sea demasiado tarde para volver. Porque las personas que te aman de verdad... te esperan sin condiciones, pero no para siempre. Y el perdón, cuando viene del alma, no borra el pasado... lo redime.

DIA 211
"No se puede vivir una mala vida y esperar que te pasen cosas buenas [...] Ahora lo único que puedo hacer es intentar hacer las cosas bien."

- Arthur Morgan

Arthur fue moldeado por una vida dura, por lealtades mal puestas y por un mundo donde sobrevivir era más importante que vivir. Pero cuando la muerte comienza a rozarte la espalda, cuando el polvo de tus días pesa más que tus botas, te das cuenta de que el alma no se limpia con promesas... sino con actos, con cambios, con perdón. Y ahí está la verdad que más duele y más libera: nunca es tarde para intentar hacer las cosas bien. Porque, aunque no podamos borrar lo hecho, sí podemos escribir lo que viene con más paz, con más verdad, con más conciencia. Arthur no buscaba salvar el mundo... solo quería irse sabiendo que, al menos una vez, hizo algo que valiera la pena... algo que no oliera a culpa.

Hazte responsable sin esperar redención externa. El perdón no empieza afuera... empieza dentro de ti. No vivas esperando suerte, construye paz con lo que eliges cada día. Y si crees que es tarde, recuerda: mientras respires, aún puedes cambiar el final de tu historia.

Y tú, ¿qué vas a hacer con lo que te queda?

¡ADVERTENCIA!

ADVERTENCIA ANTES DE CONTINUAR.

Lo que estás a punto de leer no es suave. No es cómodo. No es políticamente correcto. Estas páginas contienen palabras directas, duras y, en algunos casos, incómodas. No están escritas para consolar, ni para justificar debilidades. Están pensadas para hombres. Porque, en general, los hombres nos motivamos distinto. Necesitamos empujones, no excusas. Realidades, no adornos.

Si eres un hombre que aún no está listo para mirar su vida de frente, sin rodeos ni máscaras, te invito a dejar estas páginas por ahora. Porque lo que viene no endulza. Despierta. Ahora bien... Si eres mujer y estás leyendo esto, bienvenida también. Solo quiero advertirte que este capítulo tiene un tono masculino, con mensajes que pueden sonar exageradamente duros. No porque crea que las mujeres no son fuertes, sino porque este lenguaje ha sido construido desde un lugar muy específico: mi propia lucha interna como hombre. Aquí encontrarás frases que podrían sonar a que descansar es fracasar, que llorar es inútil, que solo vales si produces sin parar. Y no. Ese no es el mensaje. Descansar es necesario. Llorar es humano. Sentirte mal no te hace débil... te hace real. Pero lo importante es esto: no quedarte ahí. No rendirte en medio del dolor. Llorar, sí... pero luego seguir. Porque eso es disciplina.

Este capítulo final no se trata de eliminar tus emociones, sino de aprender a dirigirlas hacia un propósito mayor. Y por eso, si decides seguir leyendo, hazlo con mente abierta. Estas frases pueden ser el catalizador que necesitas para cambiar, para levantarte, para retomar tu fuerza. Pero también pueden doler. Porque son como espejos: te muestran sin filtros, sin excusas. Solo tú frente a ti. Si eres de los que prefiere una mentira cómoda antes que una verdad incómoda, estas palabras no te ayudarán. Pueden incluso hundirte más. Pero si tienes el coraje de leer con honestidad, de enfrentar lo que no te gusta de ti, de escuchar lo que no quieres oír... estas páginas pueden abrir una nueva etapa en tu vida.

No se trata de estar motivado 24/7, ni de trabajar hasta morir. Se trata de tener un propósito tan claro que te empuje incluso cuando no tienes ganas. De vivir con tanta intención que tu descanso se convierta en estrategia, no en evasión. De construir disciplina, carácter y visión. No para encajar... sino para liderar tu propia historia.

Cada reflexión en este libro la escribí para mí. Porque hubo días en los que no encontraba dirección, y necesité leer algo que me sacudiera. Y si ahora este libro puede ser ese amigo brutalmente honesto para ti, me doy por satisfecho. No quiero que creas ciegamente en todo lo que digo. Quiero que piense, que reflexiones, que te cuestiones, que tomes lo que te sirva y sueltes lo que no, que no seas una oveja más, que seas alguien con criterio y con fuego propio.

Yo no me creo importante. No me considero escritor. Solo soy alguien como tú... tratando de encontrar su camino. Y si tú estás en esa misma búsqueda, entonces bienvenido.

Esta parte del libro está hecha para ti y para mí.

DIA ?

Escucha bien, porque esto no va a ser fácil...

¿De verdad crees que el mundo te debe algo? El mundo no te debe absolutamente nada. Estás aquí, en este instante, con todo lo que tienes y lo que te falta... porque tú decidiste vivir esta vida. Nadie vendrá a rescatarte. Nadie se hará cargo de tu historia.

Si tú no tomas el timón, el barco se hunde. Así de simple. Deja de señalar culpables. Deja de esconderte detrás de excusas que solo te mantienen inmóvil. Lo que no haces hoy, mañana será otra cadena que te pese.

¿Te crees especial porque te duele? ¿Porque la vida te ha golpeado? Eso no te hace diferente. Nos han roto a todos. Pero la diferencia entre el que avanza y el que se queda, es que uno se reconstruye... y el otro se justifica. Ser fuerte no es no caer. Es no quedarse caído.

Así que, si estás aquí para huir, hazlo. Nadie va a detenerte. Pero si estás aquí para luchar por lo que mereces, por lo que sueñas, por quien puedes llegar a ser... entonces empieza a demostrarlo. Porque nadie más puede vivir tu vida por ti. Y nadie más puede escribir la historia que solo tú viniste a contar.

DIA ??

Ser un hombre es vivir en batalla. La vida te va a probar con dolor, con pérdidas, con fracasos. Pero eso no te rompe... te forma. Ser hombre no es no sentir. Es levantarse a pesar del dolor. Es transformar cada caída en impulso, cada herida en fuerza, cada noche oscura en determinación.

Cuando la vida te golpea, tú respondes. No te escondes. No te sientas a esperar lástima. Te levantas. Aprietas los dientes. Y avanzas. Porque cada caída es una pregunta que la vida te lanza: ¿De qué estás hecho? Y tú respondes con acción, con carácter, con fuego en el alma.

El dolor no es tu enemigo. Es tu entrenamiento. El que se queda abajo, se encadena. El que se levanta, se libera. El hombre que despierta su fuerza interior no espera condiciones perfectas. Crea las suyas. Construye su cuerpo, su mente, su visión. Protege a los suyos, se gana el respeto, y honra el legado de quienes vinieron antes. Tus antepasados cruzaron tormentas, guerras, hambres, noches de incertidumbre... no para que tú te rindas frente a una pantalla, sino para que te conviertas en el hombre que ellos soñaron. Fuiste hecho para más que sobrevivir. Fuiste hecho para dejar huella.

¿Te sientes estancado? Entonces actúa. El cambio no llega con quejas, llega con coraje. No pidas una vida mejor: conviértete en el hombre que puede sostenerla. Dios no premia la flojera ni la queja. La vida se abre para el que se entrega, el que lucha, el que se levanta cada día con una decisión: voy a ser mejor que ayer.

Y sí, muchos fingen el esfuerzo. Muchos hablan de disciplina, pero no la viven. Pero tú no estás aquí para ser como la mayoría. Estás aquí para ser diferente. Para construir algo que valga. Para levantarte desde cero, con propósito, con hambre, con visión.

¿Quieres respeto? Gánatelo.
¿Quieres riqueza? Trabájala.
¿Quieres ser fuerte? Fórmate.

Nadie lo hará por ti. Y eso no es una maldición. Es tu poder. Tú puedes convertirte en quien tú elijas. Ese es tu privilegio... y tu responsabilidad.

Así que despierta mañana con una decisión: voy a avanzar. Y luego vive ese día como si tu destino dependiera de cada paso. Porque, de hecho, depende.

DIA ???

El problema no es el talento. Es la constancia.

Muchos hombres se esfuerzan un día, tal vez dos... y luego se rinden porque no ven resultados. Como si la vida premiara la intención sin acción. Como si la excelencia se construyera en semanas. No. El éxito no responde a tus ganas. Responde a tu capacidad de persistir. Los que ganan no son los más afortunados. Son los más determinados. Los que se levantan temprano, incluso cuando nadie los aplaude. Los que trabajan en silencio. Los que sangran por sus sueños. Día tras día. Año tras año.

Y sí, muchos creen que están dando todo... pero se están quedando a medias. Mientras tú dudas, hay alguien allá afuera entregándose por completo. Alguien que no negocia con la disciplina. Que no se rinde cuando duele. Que trabaja como si su vida dependiera de ello. Porque, de algún modo, lo hace.

Ahí está la diferencia entre el que avanza y el que se estanca: la mentalidad. Muchos tienen el conocimiento. Pero pocos lo aplican. Se quejan de estar vacíos, pero se han hecho amigos de la mediocridad. Dicen odiarla, pero no la dejan. Porque cambiar duele. Y no todos están dispuestos a pagar ese precio. Pero tú puedes decidir diferente. Puedes usar el dolor como fuego. Puedes hacer del fracaso tu maestro. Puedes convertir cada obstáculo en una herramienta de transformación.
No estás aquí para buscar atajos. Estás aquí para convertirte en alguien que no los necesita. Dios no regala caminos fáciles. Forja guerreros con desafíos. Y el hombre que se entrega a esa batalla, sin excusas, sin máscaras, sin victimismo... se convierte en leyenda.

Mira tú historia. Sé honesto contigo. Tus mayores saltos, tus versiones más fuertes, no nacieron de la comodidad. Nacieron del dolor, cuando te rompiste, cuando tocaste fondo, cuando no quedó nada más que reconstruirte... desde dentro. Por eso no temas el dolor. Honra lo que te forma. Porque en el fuego del sufrimiento, el carácter se templa.

No viniste a esta vida a "navegar". Viniste a dejar huella. A construir imperios. A dominar tu mente, tu cuerpo y tu destino. No te confundas: el poder está dentro de ti. No en las pastillas. No en las excusas. En tu decisión de pararte firme y convertirte en el hombre que puedes ser.

El mundo necesita tu fuerza, no tu debilidad. Tu visión, no tu queja. Tu determinación, no tu resentimiento. Fuiste creado para avanzar. Para construir. Para liderar.

Tu misión es clara: sin excusas, sin máscaras, solo resultados. Haz lo que tienes que hacer. Y hazlo con honor.

DIA ????

¿Te sientes perdido? ¿Vacío? ¿Como si nada tuviera sentido? Tal vez no sea la vida. Tal vez eres tú... que has olvidado tu misión.

Un hombre sin propósito no está vivo, solo respira. Y la tristeza que cargas, ese vacío que duele en silencio, no es más que la señal de que estás viviendo muy por debajo de lo que eres capaz de ser. La felicidad no está en la comodidad. Está en el reto. En la lucha. En el compromiso con una causa que te hace levantarte cada día con hambre.

Un hombre que se respeta da el 100%. No cuando es fácil, sino siempre. Muchos dicen que se esfuerzan, pero no han tocado ni el 50% de su potencial. Se cansan, se distraen, se justifican... y luego se preguntan por qué su vida no cambia. La respuesta es simple: porque no están dispuestos a pagar el precio. La vida no premia la queja. Premia al que se entrega. Al que trabaja, aunque nadie lo vea. Al que sigue adelante incluso cuando no sabe cómo.

No tienes el cuerpo, la pareja, la casa o el estilo de vida que sueñas... porque no estás haciendo lo necesario. Punto. Mientras tú postergas, alguien allá afuera está sacrificándose. Mientras tú te entretienes, otros construyen imperios. Y no, no es fácil. Pero fue precisamente en lo difícil donde los grandes se hicieron grandes. Donde se forjó el carácter. Donde el miedo se transformó en impulso.

El miedo, el estrés, la ansiedad... no son tus enemigos. Son parte del camino. Son señales de que estás creciendo. Y si eliges evitarlos, eliges también quedarte donde estás. Cada noche frente a una pantalla, cada hora que se va en distracciones, cada excusa que te das... es una semilla de mediocridad.

Y tú no viniste al mundo para ser uno más. Viniste a elevarte. A romper ciclos. A construir algo que valga. La sociedad quiere que seas dócil, que te ajustes, que no incomodes. Pero tú fuiste hecho para más. Para conquistarte a ti mismo. Para liderar. Para dejar legado.

¿Tienes miedo? Bien. Todos lo tenemos. Pero los que avanzan no lo niegan. Lo enfrentan. Porque un hombre no se mide por cuánto evita sufrir... sino por cuánta presión puede sostener sin romperse. Así que deja de buscar alivio rápido. Deja de rogar por motivación. Lo que necesitas no es otra frase bonita... lo que necesitas es acción.

Esta vida es una sola. No la desperdicies durmiendo mientras tu grandeza espera. Ponte de pie. Recupera tu fuego. Sé el hombre que no necesita que lo empujen, porque él mismo se levanta. La verdadera fuerza no es no sentir. Es elegir avanzar... incluso cuando todo duele.

DIA ?????

¿Estás quebrado? Entonces te falta algo: disciplina y honestidad. Porque la verdad es que, si no estás donde quieres estar, es porque no estás haciendo lo que deberías. Punto. Deja de contarte historias. Deja de disfrazar la flojera de "circunstancias". Mírate con valentía y pregúntate: ¿Estoy realmente dándolo todo? ¿Estoy aprendiendo de los que ya han logrado lo que yo deseo? Si la respuesta es no, ahí tienes tu respuesta. Arréglalo o acepta quedarte estancado. Pero no culpes a nadie más.

El éxito no es magia. La riqueza no es suerte. La transformación personal no ocurre por accidente. Todo se forja con trabajo, constancia, dolor, enfoque... y fe. Ese es el precio. Sin descuentos. Sin atajos. Sin excepciones. Pero hay algo más: ningún esfuerzo sirve de nada si no sabes hacia dónde vas.

¿Tienes claro tu destino? ¿Tienes una visión nítida de lo que quieres construir? Porque quien no tiene propósito, se desgasta. Quien no sabe a dónde va, termina yendo a donde no quiere. ¿Quieres ponerte en forma? Come limpio. Entrena con intención. Sé constante. ¿Quieres independencia financiera? Aprende. Planifica. Ejecuta con disciplina. No una vez. Todos los días. Y deja de hablar de tus sueños si ni siquiera te tomaste el tiempo de escribirlos. ¿Cómo luce tu vida ideal? ¿Qué casa habitas? ¿Qué proyecto lideras? ¿A quién ayudas con tu éxito? ¿Puedes imaginarlo con precisión, hasta el último detalle? No puedes conquistar una cima que ni siquiera te has tomado el tiempo de mirar. Define tu visión. Y luego trabaja como si tu vida dependiera de ella. Porque, en muchos sentidos, depende. No importa si lo haces en silencio o quieres gritarlo al mundo.

El camino es el mismo: trabajo real, dolor asumido, esfuerzo constante y una voluntad que no se rinde.

¿Sabes qué separa a los hombres que trascienden de los que solo sobreviven? El dolor. Las lecciones. El trauma. Y lo que eliges hacer con todo eso. Porque el mismo fuego que quema... también puede forjar. El mismo golpe que te quiebra... también puede construir la mejor versión de ti. Cada noche difícil, cada fracaso, cada traición, cada momento donde te sentiste solo... es material para hacerte más fuerte, más sabio, más tú.

Yo no cambiaría ninguno de mis dolores porque me han formado. Me han afilado. Me han preparado para ser el hombre que hoy soy. Y tú también puedes elegir usar lo vivido como impulso, no como excusa.

DIA ??????

Cuando estás verdaderamente hambriento, no puedes dormir. Mientras otros sueñan... tú estás despierto, construyendo. Y esa es tu ventaja.

Porque cuando estás incómodo con tu realidad, cuando algo dentro de ti grita por más, no hay espacio para distracciones. Hay urgencia. Hay fuego. Cada momento difícil puede ser combustible. Cada decepción, un empujón. Cada caída, un punto de partida. Pero solo si sabes usarlo.

Quiero hablarte directamente, hombre a hombre. La vida no nos trata con suavidad. Y eso está bien. Porque no fuimos hechos para la comodidad. Fuimos hechos para levantarnos del suelo, para convertir el caos en carácter. El dolor no es el fin. Es la forja. El trauma no es una condena. Es un portal.

Piensa en tus mayores cambios. No llegaron en días de calma. Llegaron cuando todo colapsó. Cuando el corazón se rompió, cuando el plan falló, cuando te quedaste sin aire ni dirección. Ahí es donde empieza el crecimiento real. ¿Sabes por qué? Porque el alma se expande cuando la vida aprieta. Y los hombres de verdad no huyen del fuego. Se dejan moldear por él. Así que cuando la vida te golpee, no retrocedas. No maldigas el dolor. Agradece la prueba. Y luego párate firme, respira hondo y di con fuerza: "Bien. Vamos."

DIA ???????

El problema no es que estés destruido. Es que estás cómodo. La mayoría de hombres hoy no están realmente infelices... están conformes. Se quejan, sí, pero no hacen nada porque, en el fondo, están "bien" con lo que tienen. Lo suficientemente cómodos para seguir igual. Lo suficientemente distraídos para no cambiar.

Un hombre que juega videojuegos todos los días, que pierde horas viendo vidas ajenas en redes, no está miserable, solo está anestesiado. Y si de verdad odiara su vida, ya habría empezado a transformarla.

La vida no se supone que sea rápida. Ni fácil. ¿Crees que mereces un cuerpo fuerte en 30 días? ¿Riqueza sin esfuerzo? ¿Respeto sin cicatrices? Sé realista. El valor de algo está directamente ligado al precio que se paga por conseguirlo. El esfuerzo, la constancia, el dolor: eso es lo que lo hace valioso. Eso es lo que hace que importe. Si todo el mundo pudiera tenerlo sin luchar, dejaría de tener sentido. Así que deja de buscar caminos más cortos. Deja de querer resultados sin procesos. La grandeza se construye en la dificultad. Y si quieres lograr algo que valga, prepárate para sangrar por ello.

Demasiados están obsesionados con "cómo hacerlo más fácil", cuando aún no han demostrado que pueden sostener lo difícil. Y ese es el problema: quieren ser sabios sin haber sido guerreros. Quieren atajos sin caminos recorridos.

¿Quieres respeto? Gánatelo.
¿Quieres resultados? Paga el precio.

Nadie admira lo que se regala. Ni siquiera tú. Si te lo entregaran todo mañana, en el fondo sabrías que no lo mereces. Y por eso nunca lo valorarías. Llámame directo. Llámame exigente. No me importa. Solo no me llames desertor. Porque cuando las cosas se ponen difíciles, yo sigo. Eso es lo que separa a los que avanzan de los que solo aparentan.

Muchos hinchan el pecho, actúan como si lo supieran todo... pero en cuanto algo los desafía, retroceden. Se quejan de lo duro que es, mientras no han puesto ni la mitad del esfuerzo que se requiere. Quieren ser más listos que el esfuerzo, antes de siquiera haberse enfrentado a él. Eso es como decir que eres un prodigio en algo que nunca has practicado.

Tal vez tengas talento. Pero si no te disciplinas, te pasará por encima alguien promedio... que sí lo hizo. Y no será injusto. Será justo. Porque así funciona la vida.

DIA ????????

El talento importa... pero solo después del esfuerzo. Porque sin disciplina, sin constancia, sin sacrificio... el talento es solo una promesa vacía. Una habilidad sin acción. Un potencial sin impacto. Muchos hoy alardean: "Trabajo de forma inteligente, no duro." "Solo necesito una hora al día." Perfecto. Ahora imagina esto: ¿Qué pasaría si combinaras inteligencia con entrega real? Si tu mente aguda trabajara 12 horas al día con enfoque, intención y hambre. Serías imparable. Esa es la diferencia entre el que quiere resultados... y el que los crea.

Yo no me detengo. Porque cada cosa que hago me impulsa hacia mi visión. Este libro es trabajo. El gimnasio es trabajo. Mis días, mis decisiones, mis hábitos... todo está alineado. Por eso gano. Porque no me escondo detrás de frases bonitas. ¿Quieres una vida extraordinaria? Entonces tendrás que hacer lo que la mayoría no hace. Trabajar más, entregarte más, sacrificar más. Este mundo es competencia, no envidia. Es tú contra tus límites. Tú contra tu zona cómoda. Y mientras tú piensas que una hora es suficiente, allá afuera hay alguien igual de inteligente, igual de capaz... pero con más hambre. Y esa diferencia, día tras día, lo cambia todo. Así que acepta esta realidad: La inteligencia sin trabajo no gana. La disciplina sin talento, sí puede hacerlo.

DIA ?????????

"Quiero ganar dinero mientras duermo", dicen. Suena bien, claro. Pero si estás en bancarrota emocional, mental o financiera, ni siquiera deberías pensar en ingresos pasivos. No puedes generar riqueza dormido... si ni siquiera estás produciendo algo despierto.

Primero: construye. Lucha. Aprende a generar ingresos activos. Gana con tu esfuerzo antes de soñar con automatizarlo. Bienes raíces, inversiones, negocios, criptomonedas... todo requiere trabajo real. Tiempo. Fracaso. Constancia. No existe el ingreso pasivo verdadero. Existe el ingreso inteligente... pero solo después de haber trabajado como un loco por hacerlo posible.

¿Quieres éxito? Deja de buscar caminos fáciles. Deja de creer que lo lograrás sin pagar el precio. El éxito no es el principio. Es el resultado. El fruto de horas activas bien invertidas. De decisiones difíciles. De constancia que no depende del estado de ánimo. La motivación va y viene. La disciplina te sostiene cuando todo lo demás falla. No siempre tendrás ganas. Pero si decides vivir desde la disciplina, te levantarás igual. Porque no se trata de sentir. Se trata de cumplir. Este mundo no es neutral. Es jugador contra jugador. Y si tú no te esfuerzas, otro lo hará. Y lo tomará. Y no será cruel. Porque él lo construyó, y tú lo soñaste.
Mis resultados no son suerte. Son constancia. Son días donde no quería y aún así lo hice. Y cuando miro atrás, pienso en mis antepasados. En todo lo que cruzaron para que yo pudiera estar aquí. ¿Voy a desperdiciarlo en distracciones vacías? ¿Voy a quejarme mientras otros luchan? No. Porque sé que la vida no le regala nada al que espera.

¿Quieres crecer? Rodéate de gente que te rete. No de quienes te hacen sentir cómodo. Rodéate de visión, no de excusas. ¿Quieres paz? Primero conquista respeto. Primero crea libertad. Porque solo cuando eres competente, libre y respetado... es cuando aparece la verdadera felicidad.

Y si no estás dispuesto a trabajar todos los días, sin excusas, sin aplazamientos... Entonces no esperes nada grande. Porque la vida no está hecha para quienes quieren lo fácil. Está hecha para los que se esfuerzan. Para los que luchan. Para los que dejan huella.

UNA ÚLTIMA CARTA PARA TI

Si llegaste hasta aquí, quiero que sepas algo: no solo leíste un libro. Atravesaste un viaje. Uno que quizá empezó con curiosidad, con dolor, con rabia... pero que ahora termina con más claridad, más fuego, y ojalá, con más dirección.

No escribí estas páginas para ser admirado. Las escribí porque necesitaba hablar conmigo mismo. Porque en mis días más oscuros, no encontré un libro... encontré un espejo. Y decidí convertirme en ese espejo para alguien más. Tal vez ese alguien eres tú. A lo largo de estas páginas te empujé, te confronté, te abracé con palabras duras. No porque piense que eres débil, sino porque sé que hay algo en ti que quiere despertar. Y a veces, lo que más necesitamos no es una respuesta, sino una voz que nos recuerde lo que somos.

Memento Mori: Recuerda tu Muerte. No para tener miedo, sino para tener urgencia. Porque no sabes cuánto te queda, pero sí sabes qué estás dejando pasar. No viniste aquí solo a respirar. Viniste a vivir con intención. Viniste a fallar, sí, a caer también. Pero, sobre todo viniste a levantarte tantas veces como sea necesario. Viniste a amar, a soltar, a perdonar. A trabajar en silencio. A llorar sin vergüenza. A elegir disciplina cuando no hay motivación. A volver fuerte, pero no frío. A ser firme, pero no cruel. A dejar de pedir permiso... y empezar a caminar con decisión.

No necesitas tener todo resuelto. Solo necesitas dar el siguiente paso. Y luego otro. Y otro. Hasta que un día, sin darte cuenta, te conviertas en la persona que alguna vez soñaste ser.
Este libro no es un manual. Es una conversación. Es una fogata

encendida con palabras.

Y si alguna frase te ayudó a pensar distinto, a sentir más profundo o a tomar acción... entonces ya valió la pena.

"Memento Mori" nació como un refugio, una chispa y un espejo... y su verdadero propósito es más grande: crear 365 reflexiones, una para cada día del año. Una guía emocional que te acompañe en los momentos más oscuros, más inciertos, más humanos. Lo que acabas de leer es solo la primera parte. La segunda ya está en camino, y deseo de corazón que puedas leerla cuando esté lista. Si quieres estar al tanto de su lanzamiento, te invito a seguirme en Instagram como @humbertomontesinosm o unirte al grupo privado de WhatsApp donde compartiré avances, reflexiones y contenido exclusivo.

Y por favor, recuerda esto: cuando te sientas perdido, ansioso, triste o solo... abre este libro. Elige una página al azar... Yo mismo lo sigo haciendo y cada vez, sin falta, una nueva frase me habla, una nueva idea me sostiene.

Así que no cierres este libro como quien termina algo. Ciérralo como quien empieza de nuevo. Porque la muerte nos recuerda que no hay tiempo que perder... y la vida, que aún hay mucho por construir.

Gracias por leerme.

CONCLUSIÓN

¡Gracias de corazón por haber adquirido y leído este libro!

Tu confianza en este proyecto significa más de lo que las palabras pueden expresar. Cada página de este libro fue escrita pensando en brindarte herramientas y motivación para transformar tu vida, y me llena de gratitud saber que lo has hecho parte de tu camino.

Te invito a seguirnos en nuestras redes sociales, donde compartimos mensajes motivadores todos los días, especialmente dirigidos a hombres como tú, que están decididos a superarse y avanzar. Además, a través de nuestras plataformas estarás al tanto de las nuevas actualizaciones y contenidos que tenemos preparados para ti.

Tu opinión es crucial para nosotros. Si el libro te ayudó, o si crees que podría mejorar en algo, no dudes en dejarnos una reseña. Tu retroalimentación nos ayudará a seguir mejorando y ofrecerte lo mejor en futuras ediciones.

También, si conoces a alguien que pueda beneficiarse de este mensaje, no dudes en compartirlo. Regalarle una copia del libro a tu hermano, padre, primo o sobrino puede ser ese impulso que necesitan para salir adelante y enfrentar los retos de la vida con la fuerza que se merecen.

No se olviden de unirse al grupo de privado de WhatsApp de este libro, escríbenos un mensaje en Instagram "@hombrespeligrosos" para que podamos darte el acceso.

Seguiremos trabajando y no descansaremos hasta que más de 1 millón de hombres sepan de nosotros y aprendan como pueden convertirse en la mejor versión de ellos mismos forjando sus cualidades.

Al recomendar este libro nos estas ayudando a seguir financiando el proyecto y seguir aportando valor.

Una vez más, gracias por confiar en este proyecto. Sigamos creciendo juntos, porque el verdadero cambio comienza con una decisión, y tú ya la has tomado.

¡Vamos por más!

Ha sido un verdadero privilegio pasar este tiempo ustedes.

¡Nos encontraremos muy pronto!

Un abrazo y que Dios te bendiga.

- Humberto Montesinos
Fundador de Hombres Peligrosos ®

Contáctanos

EN INSTAGRAM – FACEBOOK – YOUTUBE - TIKTOK
@hombrespeligrosos - @humbertomontesinosm

PÁGINA WEB:
www.hombrespeligrosos.eu

CORREO ELECTRONICO:
hombrespeligrososoficial@gmail.com

Made in United States
Orlando, FL
16 September 2025

65078185R00092